Datenvisualisierungen mit Julia

Daniel Jaud

Datenvisualisierungen mit Julia

Erstellen von Grafiken, interaktiver Oberflächen sowie Animationen

 Springer Vieweg

Daniel Jaud
Holzkirchen, Deutschland

ISBN 978-3-662-68154-1   ISBN 978-3-662-68155-8   (eBook)
https://doi.org/10.1007/978-3-662-68155-8

Die Deutsche Nationalbibliothek verzeichnet diese Publikation in der Deutschen Nationalbibliografie; detaillierte bibliografische Daten sind im Internet über http://dnb.d-nb.de abrufbar.

Planung/Lektorat: Leonardo Milla
Springer Vieweg ist ein Imprint der eingetragenen Gesellschaft Springer-Verlag GmbH, DE und ist ein Teil von Springer Nature.
Die Anschrift der Gesellschaft ist: Heidelberger Platz 3, 14197 Berlin, Germany

Das Papier dieses Produkts ist recyclebar.

*Für meine Mutter, die mich Zeit meines
Lebens stets mit Rat und Tat unterstützt.*

Gleitwort

Julia ist eine moderne Programmiersprache mit einer Vielzahl nützlicher Erweiterungen. Dabei wird Julia stetig weiterentwickelt und existierende Bestandteile werden stets angepasst und optimiert. Eine sehr nützliche Erweiterung ist das Package *Julia-Plots*. Innerhalb dieser Umgebung lassen sich verschiedenste Formen von Visualisierungen erzeugen, wie z. B. die Anzeige einfacher Daten und mathematischer Funktionen, die Darstellung interaktiver Oberflächen oder Animationen. In diesem Buch werden für alle erwähnten Fälle die verschiedensten Visualisierungsmöglichkeiten vorgestellt. Hierbei sei betont, dass dieses Buch als Einstieg in die graphische Darstellung von Systemen dienen soll, allerdings nicht den Anspruch auf absolute Vollständigkeit erhebt. Dabei wird darauf Wert gelegt, dass dem Leser ausführliche Programmbeispiele zur Verfügung gestellt werden, damit die einzelnen Inhalte leichter nachvollzogen werden können und somit der eigene Lernprozess gewinnbringend unterstützt wird. Durch eine Vielzahl von Übungsaufgaben inkl. Musterlösungen am Buchende soll der Leser animiert werden, neue Konzepte selbst an Beispielen auszuprobieren. Der Aufbau des Buches gestaltet sich wie folgt: Im ersten Schritt werden die Grundlagen von Julia, ihre Nutzeroberfläche und Befehlsstruktur sowie das Verwenden von sogenannten Packages erörtert. Zusätzlich werden die ersten, wichtigsten Befehle, mathematische Konstanten sowie das Konzept von Vektoren, Matrizen und Arrays eingeführt. Das nachfolgende Kapitel liefert eine kurze Einführung in die Theorie der Schleifen. Aufbauend darauf werden im Weiteren die ersten Grundlagen zum Erstellen einfacher Grafiken gelegt und im nachfolgenden Kapitel durch verschiedenste Darstellungsattribute erweitert. Das Kap. 5 behandelt explizit verschiedenste Darstellungsmöglichkeiten, wie sie oft im Rahmen der Naturwissenschaften, insbesondere der Mathematik, auftreten (Parametrische Kurven, Oberflächen, Vektorfelder etc.). Im nachfolgenden Kapitel werden weiterführende Datenvisualisierungen erörtert wie z. B. Heatmaps, Histogramme oder Box-Plots. Netzwerke spielen in der graphischen Darstellung von Zusammenhängen in vielen modernen Fachgebieten eine essentielle Rolle. Aus diesem Grund behandelt das komplette Kap. 7 das Erstellen solcher Netzwerke, die man in der Mathematik auch als Graphen bezeichnet. Im nachfolgenden Kapitel werden noch die Möglichkeiten eingeführt, interaktive Visualisierungen zu generieren. Auch wird in diesem Kapitel das Erzeugen von Animationen in verschiedensten Dateiformaten behandelt. Das letzte Kapitel bietet eine Kurzzusammenfassung aller wichtigen Befehle innerhalb von Julia-Plots sowie passender Erweiterungen und dient somit als schnelles Nachschlagewerk.

Aus Gründen der besseren Lesbarkeit verwenden wir in diesem Buch überwiegend die männliche Form. Dies schließt immer beide Geschlechter ein und soll keine Benachteiligung ausdrücken.

Als frei zugängliche Software lebt Julia von den kreativen Ideen und dem Tatendrang vieler freiwilliger Entwickler, die stets darum bemüht sind, die Software zu verbessern und weiterzuentwickeln. An dieser Stelle sei daher all jenen gedankt, die unermüdlich Arbeit in das Projekt investiert haben und zukünftig noch investieren werden.

Holzkirchen   Daniel Jaud
Juli 2023

Inhaltsverzeichnis

Erste Schritte

1

1.1 Download und Installation von Julia

Julia ist eine Open Source Programmiersprache, die seit ihrer Veröffentlichung 2009 von Jeff Bezanson, Stefan Karpinski, Viral B. Shah und Alan Edelman am MIT stetig weiterentwickelt wird. Aktuell ist die stabile Version 1.8.3 frei zugänglich. Ziel der Programmierer ist es, eine moderne Programmiersprache zu schaffen, deren Geschwindigkeit vergleichbar mit der von *C* ist, deren Syntax aber zusätzlich leicht zugänglich wie etwa die von *Python* ist. Für dieses Buch sind die integrierte Mathematik, an *Matlab* angelehnt, sowie die damit verbundenen graphischen Darstellungsmöglichkeiten von besonderem Interesse.

Mittlerweile gibt es für Julia eine Vielzahl von Nutzungsmöglichkeiten, z. B. in der eigenen Konsole, als *Juno IDE für Atom,* durch Verknüpfung mit *jupyter* oder durch die *Julia Box.* In diesem Buch wird ausschließlich die integrierte *Pluto-Nutzeroberfläche* (vgl. Abschn. 1.4) verwendet, da sie neben dem Standarddownload keine weiteren Add-ons oder Programme benötigt. Ein vollständiges Manual für Julia kann auf der Website

https://docs.julialang.org/en/v1/

eingesehen werden.

Beginnen wir gleich mit dem Download von Julia. Die Applikation zur Installation kann direkt über die entsprechende Website für das jeweilige Betriebssystem heruntergeladen werden.

▶ **Download Link** https://julialang.org/downloads/

Ergänzende Information Die elektronische Version dieses Kapitels enthält Zusatzmaterial, auf das über folgenden Link zugegriffen werden kann https://doi.org/10.1007/978-3-662-68155-8_1.

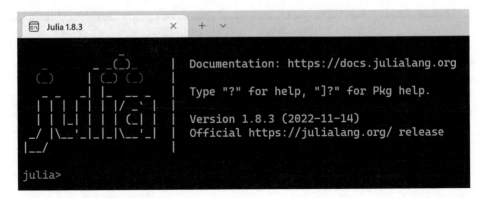

Abb. 1.1 Abbildung des Julia-Terminals

Wir empfehlen an dieser Stelle dabei den *Installer*. Nach erfolgreicher Installation kann das Julia-Terminal direkt geladen werden. Dies sieht aus, wie in Abb. 1.1 dargestellt.

Die Befehlszeile im Terminal wird auch als *REPL* (englisch *read-evaluate-print-loop*) bezeichnet. REPL ermöglicht die schnelle und einfache Ausführung von Julia-Anweisungen. Wie das Terminal hat die Julia-REPL eine Eingabeaufforderung *julia*). Hier können Befehle eingegeben werden.

1.2   Erste Schritte in Julia-REPL

Der fundamentale Befehl in der Julia-REPL ist die Ausgabe eines Antworttextes. Dieser wird durch den Befehl *println()* erzeugt. Betrachten wir hierfür das erste Beispiel, das man in die Julia-REPL eingibt und mit *enter* bestätigt.

Hello World

```
println("Hello World")
```
◀

Der Output erzeugt den Schriftzug *Hello World*. Es ist zu beachten, dass Wörter oder Texte im *println()*-Befehl mit Anführungszeichen versehen werden müssen.

Ohne Anführungszeichen wird der Text als eine (meist zuvor) definierte *Variable* interpretiert. Betrachten wir dazu nachfolgendes Beispiel, wobei jede Codezeile separat in die REPL eingegeben und mit *enter* bestätigt wird. Setzt man zusätzlich nach jedem Befehl ein Semikolon, wird der Befehl zwar von Julia ausgeführt und zwischengespeichert, jedoch kein zusätzlicher Output angezeigt.

> **Antwort=42**
>
> ```
> Antwort=42;
> \println("Wie lautet nach Douglas Adams die Antwort?")
> \println(Antwort)
> ```
> ◄

Möchte man den Wert der Variable direkt im Text anzeigen lassen, so kann man mit dem Zusatz $ auf den numerischen Wert der Variable zurückgreifen, z. B.:

> **Variablenwert im Text**
>
> ```
> Antwort=42
> println("Die Antwort lautet $Antwort")
> ```
> ◄

Es ist auch möglich, mehrere Variablen und Strings (Texte) in einem einzigen Output anzuzeigen. Dabei werden die einzelnen Elemente im Befehl *println( )* durch ein Komma getrennt, d. h., wir hätten z. B. obigen Antwortsatz auch erzeugen können durch den Befehl

> **Output mehrere Elemente**
>
> ```
> Antwort=42
> println("Die Antwort lautet ", Antwort)
> ```
> ◄

Wie üblich können mithilfe von *Variablen* Buchstaben oder Texte einer Zahl durch den Operator = zugewiesen werden. Julia erlaubt auch die Verwendung von Unicode-Zeichen als Variable wie z. B. griechische Buchstaben. Diese werden durch den entsprechenden LaTeX-Befehlssatz eingefügt und mit *Tab* implementiert, z. B. für α:

```
\alpha    Tab
```

Neben der Ein- und Ausgabe von Befehlssätzen kann im Terminal noch auf zwei weitere wichtige Funktionen zugegriffen werden. Durch Eingabe und Ausführen *(enter)* von *?* öffnet sich eine Hilfskonsole, in der man nach zusätzlichen unterstützenden Informationen zu den meisten Befehlen in Julia suchen kann.

Durch Eingabe und Ausführung von *]* öffnet sich der *Package-Manager,* auf den wir im nächsten Abschn. 1.3 näher eingehen werden.

Übungsaufgabe

1.1 Einstieg   Erstellen Sie in Julia-REPL eine kleine Befehlsabfolge, indem Sie einer Variable β den Anfangswert 2 zuordnen, danach zu dieser Variable +3 hinzurechnen und das Ergebnis im Text *println("Ergebnis ist ...")* anzeigen lassen. Als Output soll im Terminal lediglich der Text ohne Zwischenrechnungen erscheinen.

1.3   Importieren und Benutzen von Packages

In Julia ist es möglich, auf zusätzliche Bibliotheken, sogenannte *Packages,* zurückzugreifen, die vorgefertigte Befehlsstrukturen zur vereinfachten Anwendung beinhalten. Für dieses Buch werden wir hauptsächlich die Bibliotheken *Colors.jl* (Farben und Farbverläufe), *Plots.jl* (Erstellen von statischen Grafiken), *Pluto.jl* (Web-basierte Nutzeroberfläche), *PlutoUI.jl* (interaktive Elemente), *LinearAlgebra* (Ausführen von Rechenoperationen aus der Linearen Algebra), *LaTeXStrings.jl* (Einfügen von LATEX-Texten) sowie *Graphs.jl* und *GraphRecipes.jl* (Erstellen von Netzwerken) verwenden.

Um Packages das erste Mal auf einem Computer zu installieren, öffnen wir das Julia-Terminal, tippen in die Kommandozeile

```
using Pkg
```

und bestätigen mit *enter.* In der nächsten Kommandozeile tippen wir nun z. B.

```
Pkg.add("Plots")
```

und bestätigen wiederum mit *enter.* Der letzte Befehl importiert und installiert nun das Package *Plots.jl* auf unserem Rechner. Beim erstmaligen Ausführen dauert es etwas, bis das gesamte Package auf dem System installiert ist. Es ist empfehlenswert, den Vorgang der Package-Installation gleich auch für die anderen oben genannten Packages zu wiederholen.

Um installierte Packages nun auch in Julia nutzen zu können, müssen diese immer zu Beginn eines neuen Projekts mit dem Befehl

```
using Package_xy
```

geladen werden. Für das Package *Plots.jl* bedeutet dies im konkreten Fall die Eingabe des Befehls

```
using Plots
```

in einer neuen Kommandozeile.

1.4   Die Pluto-Nutzeroberfläche

Julia-REPL eignet sich gut für schnelle und kompakte Codes, Rechnungen oder die Erstellung einfacher Grafiken. Allerdings besitzt es den Nachteil, dass Projekte nicht abgespeichert und damit nicht wiederverwendet werden können. Abhilfe hierfür schafft die sogenannte *Pluto-Nutzeroberfläche*. Dabei handelt es sich um eine Web-basierte Oberfläche, in der man Projekte erstellen, abspeichern und wieder laden kann. Um die Pluto-Nutzeroberfläche zu laden, muss zunächst das Package *Pluto.jl* auf dem Computer installiert werden (vgl. Abschn. 1.3). Ist die Installation bereits erfolgt, so kann man in der Julia-Konsole in die Kommandozeile den Befehl

```
using Pluto
```

eingeben, um Pluto zu laden. Mit dem nächsten Befehl

```
Pluto.run()
```

öffnet sich nach einer kurzen Ladezeit nun die Hauptseite der Pluto-Webversion (vgl. Abb. 1.2).

Abb. 1.2 Darstellung der Pluto Nutzeroberfläche

Abb. 1.3 Pluto Eingabeoberfläche

Innerhalb der Nutzeroberfläche besitzt man die Möglichkeit, ein neues Notebook (=Arbeitsoberfläche) zu erstellen oder bereits gespeicherte Projekte wieder zu laden. Klicken wir auf *Create a new notebook,* so öffnet sich die Pluto-Konsole, die uns als Eingabebereich für Codes und Befehle dient (siehe Abb. 1.3).

Rechts neben dem *Pluto.jl*-Schriftzug (vgl. Abb. 1.3) kann man den Speicherort des Notebooks wählen und das Programm als *Dateiname.jl* abspeichern. In die Zellen, die mit *Enter cell code* angezeigt werden, wird der Programmbefehl getippt. Wir beginnen mit einem einfachen Befehl, indem wir der Variable n den Wert 42 zuweisen:

Pluto erster Schritt

```
n=42
```

Drückt man gleichzeitig *shift+enter*, so wird der Befehl ausgeführt. Alternativ wird durch *strg+enter* der Befehl ausgeführt und zeitgleich eine neue Kommandozelle erzeugt. In der Praxis ist es oft einfacher, einen zusammenhängenden Code innerhalb einer Kommandozelle zu schreiben. Wollen wir also mehrere unabhängige Befehle gleichzeitig in einer Kommandozelle ausführen, so können wir den Befehl

```
begin
...
end
```

verwenden. Betrachten wir dazu nachfolgendes fortführendes Beispiel, wobei man in neue Zeilen innerhalb des *begin...end*-Befehls durch Drücken von *enter* gelangt (ein Beispiel ist Abb. 1.4 zu sehen).

Pluto erster Schritt Fortführung

```
n=42

begin
m=n/2+5;        #mathematische Umformung
```

Abb. 1.4 Funktionsübersicht der Pluto-Notebook-Oberfläche

```
println(m)
end
```
◄

Anhand dieses Beispieles kann man mehrere Erkenntnisse gewinnen: Zum einen verwendet Julia die gewohnten mathematischen Operatoren Plus +, Minus −, Mal * und Geteilt /, wobei – wie in der Mathematik üblich – Punkt vor Strich gilt. Kommentare oder Anmerkungen zum Code können direkt in der Befehlszeile mit Hashtag # hinzugefügt werden. Verändern wir nun z. B. den Wert von n = 42 in der vorherigen Befehlszelle auf n = 20, so ändern sich automatisch alle späteren Befehle, die von der ursprünglichen Variable abhängen. Pluto stellt damit ein reaktives Notebook dar.

► **Konvention für Codes in diesem Buch** Innerhalb dieses Buches verwenden wir die Konvention, dass wenn im aufgezeigten Programmcode eine Leerzeile einfügt ist, dies als zwei unabhängige Codes in zwei separaten Kommandozellen interpretiert wird.

Das Pluto-Notebook speichert automatisch alle 30 s eine aktuelle Version der Datei ab. Es besteht jedoch auch zu jeder Zeit die Möglichkeit mit der Tastenkombination *strg+s* die Arbeit manuell zu speichern.

Die Notebook-Oberfläche bietet zusätzliche Inhalte an, um einerseits den Arbeitsbereich übersichtlicher zu gestalten und andererseits die Datei in verschiedene Formate zu exportieren. Betrachten wir dazu Abb. 1.4. Links neben den Kommandozellen befindet sich ein kleines Auge. Klickt man auf dieses Symbol, so kann der Code wahlweise ein- oder ausgeklappt werden. Ober- und unterhalb der Kommandozelle befindet sich ein kleines +, mit dem eine neue, leere Kommandozelle eingefügt werden kann. Auf der rechten Seite der Kommandozelle können über die drei kleinen Punkte verschiedene Optionen für die Zelle verwaltet werden. Oben rechts auf der Notebook-Oberfläche befindet sich ein Dreieck-Kreis-Symbol. Klickt man auf dieses, so werden verschiedenste Möglichkeiten angezeigt, die Inhalte des

Notebooks zu exportieren. Die Möglichkeiten reichen dabei von einer einfachen Kopie der *Notebook.jl* Datei, über einen PDF-Export bis hin zu einem statischen HTML-Export.

Durch Klicken auf den *Pluto.jl*-Schriftzug in der oberen linken Ecke gelangt man letztlich wieder auf die Pluto-Hauptseite, von der aus Notebooks geladen oder neu angelegt werden können.

Übungsaufgabe

1.2 Output und Reaktivität   Öffnen Sie die Julia-Konsole und laden Sie Pluto. Erstellen Sie ein neues Notebook und speichern dieses an einem Ort Ihrer Wahl unter dem Namen *Erster_ Test.jl* ab. Definieren Sie nun zunächst eine neue Variable $m = 8$. Schreiben Sie in einer neuen Kommandozelle einen Code, der zuerst m mit 2 multipliziert, dann von dem Ergebnis 16 abzieht und anschließend den Wert als Output mit dem Antwortsatz *Die Rechnung liefert das Ergebnis ...* ausgibt. Überprüfen Sie, dass eine Änderung des Anfangswert m direkte Auswirkung auf die nachfolgende Zelle und deren Output besitzt.

1.5   Das Typensystem von Variablen

Ein Kernelement von Julia ist dessen Typensystem. Julia selbst ist zwar als dynamisches System konstruiert, kann bei Bedarf aber auch mit statischen Typenspezifizierungen umgehen.

Wie in jeder Programmiersprache treten auch in Julia drei große Typen auf:

- *Int64* beschreibt eine ganze Zahl ($\ldots$, -1, 0, 1, 2, $\ldots$) dargestellt im 64bit-System,
- *Float64* beschreibt eine Gleitkommazahl, die in Julia mit einem Punkt anstelle eines Kommas geschrieben wird (-0.5, 1.2, 7.8),
- *String* beschreibt im Allgemeinen einen Text.

Weitere Nebentypen wie z. B. rationale Zahlen *Rational64* oder irrationale Zahlen *Irrational64* können auch auftreten.

Julia erlaubt es, mit dem Befehl

```
typeof()
```

den Typ einer Variable anzuzeigen. Betrachten wir dazu folgende Beispiele:

Typenausgabe

```
begin
a=20
b=typeof(a)
```

```
    println(b)
    end
```
◀

Der Befehl liefert uns als Output *Int64*. Dies war auch zu erwarten, da es sich bei a=20 tatsächlich um eine ganze Zahl handelt.

In manchen Fällen kann es sinnvoll sein, Variablentypen gleich von Beginn an zu definieren, dies geschieht immer mit dem Befehl *Typ(Zahl)*, z. B. legt

Typen festlegen I

```
    begin
    a=Int64(20)
    b=typeof(a)
    println(b)
    end
```
◀

den Typ der Variable (Zahl) auf a = 20 fest. Im Gegensatz dazu würde der Befehl

Typen festlegen II

```
    begin
    a=Float64(20)
    b=typeof(a)
    println(b)
    end
```
◀

den Typ der Variable als Gleitkommazahl, d. h. 20.0 abspeichern. Julia ist in vielen Fällen typsensitiv, d. h., im konkreten Fall ist immer darauf zu achten, ob eine Variable vom Typ *Int64, Float64* oder *String* verwendet werden muss. Im Fall einer falschen Eingabe liefert Julia jedoch einen kleinen Fehlertext, der auf die Probleme und Lösungsmöglichkeiten hinweist.

Übungsaufgabe

1.3 Typen Definieren Sie sich zwei Variablen $a = 1/2$ und $b = \pi$ (die Kreiszahl Pi ist hierbei bei Julia vordefiniert und wird einfach mit *pi* eingegeben). Lassen Sie sich in einem gemeinsamen Ausdruck die beiden Variablentypen anzeigen.

1.6   Vektoren, Matrizen und Arrays

Daten und Zahlen in Julia zu strukturieren, zu kombinieren und abzuspeichern geschieht meist über sogenannte *Vektoren*, *Matrizen* oder *Arrays*. Ein Vektor, als Spezialfall einer Matrix, wird in Julia immer als Zeilenvektor abgespeichert. Betrachten wir z. B. nachfolgendes Beispiel, in welchem wir den dreikomponentigen Vektor

$$\mathbf{a} = \begin{pmatrix} 2 \\ -5 \\ 1 \end{pmatrix}$$

mithilfe des Befehls

```
[Zahl1, Zahl2, ...]
```

definieren.
Betrachten wir dazu den nachfolgenden Beispielcode.

Definition Zeilenvektor

```
a=[2, -5, 1]   #definiert den Zeilenvektor
```
◄

Ein zugehöriger Spaltenvektor kann einfach durch Weglassen der zugehörigen Kommata im Befehl

```
[Zahl1 Zahl2 ...]
```

generiert werden, d. h., für den transponierten Vektor

$$\mathbf{a}^T = (2, -5, 1)$$

gilt der Befehl

Definition Spaltenvektor

```
atrans=[2 -5 1]   #definiert den Spaltenvektor
```
◄

Es ist dabei darauf zu achten, zwischen den einzelnen Einträgen ein *Leerzeichen* einzufügen, da Julia sonst nicht zwischen den einzelnen Zahlen unterscheiden kann.

Datensätze, wie wir sie später z. B. auch zum Plotten von Funktionen verwenden, werden typischerweise als Vektor (siehe oben) definiert. Man kann je nach Wunsch auch auf einzelne Komponenten des Vektors zugreifen. Dies geschieht mit dem Befehl

Variable[Komponentenwert]

So liefert der Befehl

Zugriff auf Vektorkomponente

```
begin
a=[2, -5, 1]   #definiert den Zeilenvektor
println(a[2]) #greift auf zweite Komponente zu
end
```

◄

als Output gerade den Wert der zweiten Komponente von **a**, also -5. Dabei ist darauf zu achten, dass Julia im Vergleich zu anderen Programmiersprachen wie z. B. C oder Python die Indizierung der Komponenten mit der Zahl 1 startet. Aufgrund der Wichtigkeit dieses Zusammenhangs haben wir dies in der nachfolgenden Informationsbox nochmals festgehalten.

▶   **Indizierung** Julia indiziert Elemente in Vektoren, Matrizen und Arrays immer beginnend mit 1. Dies bedeutet, dass auf die m-te Komponente ($m \leq n$) eines Vektors

$$\mathbf{a}^T = (a_1, a_2, \ldots, a_n)$$

mit dem Befehl $a[m]$ zugegriffen werden kann.

Insbesondere im Rahmen der linearen Algebra spielen Matrizen eine tragende Rolle. Matrizen können in Julia analog zu Vektoren definiert werden. Dabei werden die einzelnen Zeilen einer Matrix durch ein Semikolon getrennt. Als Beispiel hierfür betrachten wir den Befehl für eine 3×3-Matrix

$$A = \begin{pmatrix} 1 & 2 & 3 \\ 4 & 5 & 6 \\ 7 & 8 & 9 \end{pmatrix},$$

die in Julia als

Definition einer Matrix

```
A=[1 2 3; 4 5 6; 7 8 9]
```

◄

eingegeben wird.

Sowohl für Matrizen als auch für Vektoren ist die Operation * ähnlich wie in *Matlab* als Matrix-Matrix-Multiplikation zu verstehen. Eine komponentenweise Multiplikation kann

durch einen zusätzlichen Punkt vor dem Operator, also .*, generiert werden. Als Beispiel
liefert der Code

Matrix-Vektor-Multiplikation

```
A*a
```

---

für die zuvor definierte Matrix und den zuvor definierten Zeilenvektor als Output

$$\mathbf{a}' = \begin{pmatrix} -5 \\ -11 \\ -17 \end{pmatrix}.$$

Setzt man hingegen zusätzlich den Punkt-Befehl

Matrix-Vektor-Komponentenweise

```
A.*a
```

---

erhält man als Output

$$\begin{pmatrix} 2 & 4 & 6 \\ -20 & -25 & -30 \\ 7 & 8 & 9 \end{pmatrix}.$$

Analog zu Vektoren kann mit dem Befehl

```
[Zeilennummer,Spaltennummer]
```

auf die konkreten Einträge einer Matrix zugegriffen werden. So liefert z. B. der Befehl

---

Zugriff auf Matrixeintrag

```
A[3,2]
```

---

für unsere oben definierte Matrix A gerade den Eintrag der (3,2)-Komponente, also 8.
Bekanntlich lassen sich mit Matrizen die verschiedensten Operationen (Invertierung, Ermitt-
lung der Determinante, Transponierung) anstellen. Viele dieser Umformungen können mithilfe des Packages *LinearAlgebra.jl* ausgeführt werden. Eine detaillierte Dokumentation ist
für den interessierten Leser z. B. unter

    https://docs.julialang.org/en/v1/stdlib/LinearAlgebra/

zu finden.

Neben Zahlen möchte man oft auch verschiedene Wörter oder Texte einer einzigen Variable zuweisen, auf deren Komponenten anschließend wie bei einem Vektor zurückgegriffen
werden kann. Solche Objekte werden als *Arrays* bezeichnet. Arrays sind analog zu Vektoren
aufgebaut, d. h., möchten wir z. B. die drei Begriffe *Physik, Informatik* und *Medizin* einer
globalen Variable *Naturwissenschaften* zuordnen, so können wir dies über den Befehl

Array Beispiel

```
Naturwissenschaften=["Physik" , "Informatik" , "Medizin"]
```
◀

tun. Der Zugriff auf einzelne Komponenten geschieht nun analog zu Vektoren, d. h. *Naturwissenschaften[2]* liefert als Output *Informatik.*

Übungsaufgaben

1.4 Strukturieren von Daten   Die nachfolgende Tabelle stellt die Anzahl der verkauften
Bücher und deren Verkaufspreis pro Buch dar:

Buch	Mathematik	Informatik	Physik	Biologie
Verkaufszahlen	500	300	700	800
Verkaufspreis in Euro	24,50	19,50	29,90	35,95

a) Erzeugen Sie einen Zeilenvektor *Verkaufszahlen,* der die entsprechenden Verkaufszahlen
der Bücher beinhaltet.
b) Erzeugen Sie einen Zeilenvektor *Verkaufspreis,* der die entsprechenden Verkaufspreise
der Bücher beinhaltet.
c) Greifen Sie direkt auf die beiden Komponenten der Vektoren zu, die zum Fach *Informatik*
gehören, und berechnen Sie deren Produkt. Beschreiben Sie, welche reale Interpretation
dieses Produkt aufweist.
d) Schreiben Sie ein kleines Programm, das Ihnen

$$Verkaufszahlen^T * Verkaufspreis$$

berechnet und interpretieren Sie die ausgegebene Zahl im Sachkontext.

1.5 Vektorlänge   Gegeben sei der Spaltenvektor $\mathbf{a}^T = (2, -3, 1)$. Schreiben Sie ein kurzes
Programm, das die Länge des Vektors $L(\mathbf{a}) = \sqrt{\mathbf{a} \circ \mathbf{a}}$ bestimmt, wobei das Skalarprodukt
$\circ$ wie gewohnt definiert ist gemäß

$$\mathbf{a} \circ \mathbf{a} = a_1^2 + a_2^2 + a_3^2.$$

Für die Wurzel nutzen Sie den Befehl *.sqrt()* und greifen auf den einzelnen Eintrag mit [ ] zu.

1.6 Matrixoperation   Gegeben sei der Zeilenvektor

$$\mathbf{b} = \begin{pmatrix} 1 \\ 0 \\ -2 \end{pmatrix}.$$

Schreiben Sie ein Programm, das aus **b** und dem zugehörigen Spaltenvektor $\mathbf{b}^T$ (auch transponierter Vektor genannt) zunächst eine 3×3-Matrix B berechnet. Zeigen Sie damit, dass für einen weiteren Vektor $\mathbf{c}^T = (0, 5, 0)$ gilt, dass $B\mathbf{c} = \mathbf{0}$ erfüllt ist.

1.7   Mathematische Konstanten und Definieren von Funktionen

Möchte man später mathematische Funktionen visualisieren, so besitzt Julia bereits eine Reihe von vorgefertigten Funktionstypen sowie mathematischen Konstanten:

- die Euler'sche Zahl $e = 2,71\ldots$ wird in Julia einfach mit \e + *tab* geschrieben,
- die Kreiszahl $\pi = 3,14\ldots$ wird in Julia einfach mit *pi* geschrieben,
- die natürliche Exponentialfunktion zur Basis e wird in Julia durch *exp()* geschrieben, Exponentialfunktionen zu anderen Basen a entsprechend durch *expa()*,
- die natürliche Logarithmusfunktion $\ln(x)$ zur Basis e wird in Julia durch *ln()* geschrieben, Logarithmusfunktionen zu anderen Basen a entsprechend durch *lna()*,
- trigonometrische Funktionen (Sinus, Kosinus und Tagens) werden in Julia durch *sin()*, *cos()* und *tan()* geschrieben,
- die Quadratwurzel $\sqrt{\ }$ wird in Julia einfach durch *sqrt()* geschrieben. Hierbei ist zu beachten, dass die Argumente stets im Bogenmaß gemessen werden,
- die Fakultät einer natürlichen Zahl, z. B. $3! = 3 \cdot 2 \cdot 1$, wird in Julia durch den Befehl *factorial()* erzeugt,
- der Binomialkoeffizient $\binom{n}{k}$ zweier natürlicher Zahlen $0 \le k \le n$ wird in Julia durch den Befehl *binomial(n,k)* erzeugt,
- Potenzfunktionen der Form x^n werden in Julia durch den Befehl $x \, \hat{} \, n$ implementiert.

Neben den bereits voreingestellten Funktionen kann man sich zusätzlich eigene Funktionen einer oder mehrerer Variablen definieren. Dies geschieht mithilfe des Befehls

```
function    Funktionsname(Variable1, Variable2, ...)
    Funktionsterm
end
```

Betrachten wir als Beispiel eine Funktion zweier Variablen, die die Summe aus beiden Variablen bilden soll:

Erste Funktion

```
function    f(x,y)
   x+y
end
```

◄

Bei der Definition der Funktion und der Namensgebung der Variablen sollte man darauf achten, keine Bezeichnungen zu verwenden, die im vorherigen Programmcode in Julia bereits definiert wurden, d. h., es sollten keine globalen Variablen benutzt werden.

Haben wir die Funktion wie oben definiert, so können wir in einer neuen Kommandozelle Werte berechnen lassen. Schreiben wir z. B. *f(2,3)* und bestätigen mit *shift+enter*, so erzeugen wir den Output 5, also wie erwartet gerade die Summe aus 2 und 3.

Im späteren Verlauf des Buches, sobald wir uns mit dem Erstellen von Grafiken beschäftigen, werden die Variablen (hier z. B. x und y) in gewissen Situationen als Vektoren definiert werden. Da Funktionen nicht mit Vektoren arbeiten können, müssen wir diese *Vektorisieren*, damit die Funktion einen Vektor als Input interpretieren kann. In Julia geschieht dies durch Setzen eines Punktes vor jeder mathematischen Operation oder vor die Klammer der vorgefertigten Funktionen. Möchten wir also die Funktion $g(x) = x^3 + \sin(x)$ vektorisieren, so nutzen wir dazu den nachfolgenden Code.

Funktion vektorisieren

```
function    g(x)
x.^3 .+ sin.(x)
end
```

◄

Beachten Sie, dass das Vektorisieren sich nicht auf das übliche Verwenden von Funktionen auswirkt, d. h., wir könnten in einer neuen Kommandozelle nun $g(\pi)$, also eine einfache Zahl als Variable, eingeben und als Output π^3 erhalten.

Übungsaufgabe

1.7 Satz des Pythagoras   Sind in einem rechtwinkligen Dreieck die Längen der beiden Katheten a und b bekannt, so kann man über den Satz des Pythagoras die Länge der letzten verbleibenden Seite c (Hypotenuse) berechnen zu

$$c = \sqrt{a^2 + b^2}.$$

Schreiben Sie ein kleines Programm, in dem Sie eine Funktion $P(a, b)$ definieren, die Ihnen die Länge c berechnet. Überprüfen Sie anschließend, ob Ihr Programm für die Werte $a = 3$ und $b = 4$ tatsächlich $c = 5$ (Pythagoräisches Tripel) liefert.

1.8   Erzeugen von Zufallszahlen

Für stochastische Prozesse und Simulationen ist es oft von Vorteil, zufällig generierte Zahlen in einem gewissen Intervall zu erzeugen. Julia stellt hierfür folgende Befehle zur Verfügung, die alle auf dem Grundbefehl *rand()* basieren:

- Der Befehl *rand(n)* erzeugt n zufällige Gleitkommazahlen aus dem Intervall [0; 1] und gibt diese als Zeilenvektor aus.
- Der Befehl *rand(x:d:y,n)* erzeugt n zufällige Gleitkommazahlen aus dem Intervall [x; y] mit Schrittlänge d und gibt diese als Zeilenvektor aus. Zum Beispiel könnte der Befehl *rand(2:2:10,4)* als Output den Vektor *[2, 8, 6, 6]* liefern.
- Der Befehl *rand(n,m)* erzeugt eine $n \times m$-Matrix mit Zufallszahlen aus dem Intervall [0; 1].
- Der Befehl *rand([a, b, c, ...],n)* erzeugt einen n-komponentigen Zeilenvektor, dessen Komponentenwerte zufällig aus der indizierten Menge [a, b, c, ...] entnommen werden.
- Der Befehl *rand([a, b, c, ...],n,m)* erzeugt eine $n \times m$-Matrix, deren Einträge zufällig aus der indizierten Menge [a, b, c, ...] entnommen werden.

Übungsaufgabe

1.8 Schrittfolge   Angenommen, Sie können jeweils nur einen Schritt nach *links* oder *rechts* gehen und wenn Sie sich nach einem ausgeführten Schritt an der neuen Position befinden, können Sie sich im nächsten Schritt wieder zufällig für links oder rechts entscheiden. Schreiben Sie ein kleines Programm, das Ihnen als Output einen Vektor liefert, der als Komponenten die ersten 10 zufälligen Schrittwahlen beinhaltet.

Schleifen in Julia

2

2.1 Die for-Schleife

Sei A eine vorgegebene Menge von Zahlen, die z. B. diskrete Werte

$$A = [a_1, a_2, a_3, ..., a_n]$$

umfassen kann oder alle Zwischenwerte aus einem Intervall $[a; b]$ mit fester Schrittlänge d, angegeben werden kann als

$$A = a : d : b \, .$$

Die for-Schleife führt für jedes $i \in A$ einen vorgegebenen Prozess aus. Der allgemeine Befehl dafür lautet

```
for i in A
    auszuführende Operation mit i
end
```

Betrachten wir dazu das Beispiel, bei dem die ersten 20 natürlichen Zahlen addiert werden $1 + 2 + \cdots + 20$. In Julia können wir dies z. B. über folgende for-Schleife realisieren:

Summe der ersten 20 natürlichen Zahlen

```
begin
s=0     #setzt den ersten Wert der Summe auf 0
   for i in 1:1:20     #deklariert i in [1;2;...;20]
```

Ergänzende Information Die elektronische Version dieses Kapitels enthält Zusatzmaterial, auf das über folgenden Link zugegriffen werden kann
https://doi.org/10.1007/978-3-662-68155-8_2.

```
         s = s + i    #jeder neue Summand ist vorheriger Wert + i
    end
    println("Summe=$s")
end
```

Output: Summe=210

◄

In diesem Beispiel haben wir der Übersichtlichkeit halber die direkte Operation s=s+i hingeschrieben. Man kann dies alternativ aber auch als s+=i schreiben.

Betrachten wir als zweites Beispiel die berühmte Fibonacci-Folge, deren Folgenglieder F_n rekursiv über

$$F_{n+2} = F_{n+1} + F_n$$

mit

$$F_0 = 0 \quad F_1 = 1$$

definiert sind. Wir möchten ein einfaches Programm als Funktion mit einer for-Schleife schreiben, das uns F_n für $n \geq 2$ ausrechnet. Ein solches Programm ist z. B. gegeben durch

Berechnung der Fibonacci-Zahl F_n

```
begin
 function F(n)  #definiert Funktion
  a=0  #entspricht F_0
  b=1  #entspricht F_1
   for i in 2:1:n   #definiert zu erreichende F_n ab F_2
     c=a+b  #entspricht Rekursionsformel für F_(n+2)
     a=b     #setzt F_n auf F_(n+1) für nächste Iteration
     b=c     #setzt F_(n+1) auf F_(n+2) für nächste Iteration
   end
       return(b)    #liefert F_n für festes n
   end
 end

println("Der Wert für F_8=$F(8)")

Output: Der Wert für F_8=21
```

◄

▶ **Zur return-Funktion** Verwendet man in einer Funktionsumgebung eine Schleife, die einen Wert (in unserem Beispiel der Fibonacci-Zahlen b) ausrechnet, muss der Zusatz *return()* eingefügt werden, damit der Wert der Schleife in die Funktion überschrieben wird.

Mehrere for-Schleifen können einfach durch Erweiterung der for-Bedingung (Bedingungen durch Komma getrennt) ausgeführt werden. Betrachten wir dazu nachfolgendes Beispiel, in dem die Summe

$$\sum_{i,j=1}^{10} 1 = 100$$

mit einer Doppelschleife ausgerechnet wird:

Zwei for-Schleifen

```
begin
s=0
   for i in 1:1:10, j in 1:1:10   #doppelte for-Schleife
   s= s+1  #es wird für jedes i und j stets +1 hinzugerechnet
   end
end
```

```
println(s) liefert Output 100
```

▶ **Zur global-Variable** Baut man in eine Schleife eine zuvor definierte Funktion ein und berechnet damit einen neuen Wert, so muss die Variable als *global*-Variable gekennzeichnet werden, um im weiteren Verlauf wieder darauf zurückgreifen zu können.

Betrachten wir als Beispiel hierfür die Funktion $f(x) = x^3$. Definieren wir diese Funktion im Script und wollen anschließend die Summe der Potenzen der ersten 10 natürlichen Zahlen mit einer for-Schleife berechnen, so müssen wir die Summe innerhalb der Schleife als *global* definieren.

Beispiel global-Variable

```
begin
  function f(x)
  x.^3
  end
s=0 #Anfangswert der Summe
  for i in 0:1:10
    global s=s+f(i)
  end
```

```
    println(s)
    end
```
◄

Übungsaufgaben

2.1 Arbeiten mit der for-Schleife I Programmieren Sie unter Anwendung einer for-Schleife ein Funktion Q(n), die für ein gegebenes n die Summe der ersten n Quadratzahlen, also

$$1^2 + 2^2 + 3^2 + \cdots + n^2,$$

ausgibt.

2.2 Arbeiten mit der for-Schleife II Mit einem idealen sechsseitigen Würfel soll zehn Mal hintereinander gewürfelt werden. Schreiben Sie ein Programm, das die Augensumme (=Summe der zehn gewürfelten Zahlen) ausgibt.

2.3 Arbeiten mit der for-Schleife III Das *Heron-Verfahren* ist ein Algorithmus, mit dem zu einer beliebigen Genauigkeit die Quadratwurzel einer Zahl a berechnet werden kann. Der Algorithmus lautet dabei wie folgt:

1. Sei b eine beliebige Startzahl für die Näherung (dies kann insbesondere also auch einfach a sein).
2. Wähle $b = \left(b + \frac{a}{b}\right)/2$ als nächsten Näherungswert.
3. Wiederhole den Schritt 2. mit dem neuen Näherungswert, bis eine beliebige Genauigkeit für die Quadratwurzel $\sqrt{a}$ erreicht wird.

Schreiben Sie nun ein Programm, das $\sqrt{2}$ in 10 Schritten des Heron-Verfahrens annähert, und vergleichen Sie die erzielte Näherung mit dem numerischen Wert $\sqrt{2} = 1,4142135623730951$.

2.4 Arbeiten mit der for-Schleife IV Das Ziel dieser Aufgabe besteht darin, die Kurvenlänge der Funktion $f(x) = x^2$ auf dem Intervall $[0; 1]$ durch einen Polygonzug anzunähern. Gehen Sie dabei davon aus, dass sich die Kurvenlänge als Summe kleiner Teillängen, die mithilfe des Satzes des Pythagoras berechnet werden können, zusammensetzt. Nachfolgende Abbildung stellt exemplarisch den Fall für einen aus 5 Punkten gebildeten

Polygonzug auf dem Graphen der Funktion dar. Erstellen Sie ein Programm, das für eine beliebige vorgegebene Punkteanzahl $n \in \mathbb{N}$ die Kurvenlänge mithilfe des Polygonzugs auf dem Intervall [0; 1] approximiert.

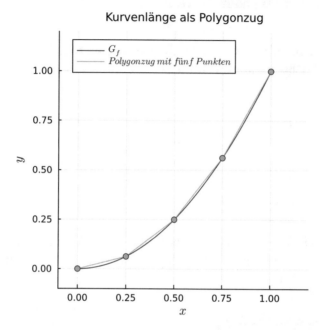

2.2 Die if-else-Schleife

Mithilfe der if-Schleife können Befehle unter einer vorgegebenen Bedingung ausgeführt werden. Eine Verallgemeinerung davon ist die if-else-Schleife, bei der je nach eintretendem Fall mehrere Operationen ausgeführt werden können. Der allgemeine Befehl für die if-else-Schleife lautet

```
if  Hauptbedingung
    auszuführender Befehl
elseif alternative Nebenbedingung
    auszuführender Befehl
elseif zweite alternative Nebenbedingung
    auszuführender Befehl
.
```

.
.

```
else   deckt alle anderen Fälle ab
    auszuführender Befehl
end
```

Bedingungen innerhalb der Schleife werden hierbei immer durch sogenannte Vergleichsoperatoren definiert:

- Gleichheit ==
- Ungleichheit ! =
- Kleiner <
- Größer >
- Kleiner-Gleich <=
- Größer-Gleich >=

Betrachten wir dazu nachfolgendes Beispiel, in dem als Input eine ganze
Zahl gesetzt wird und als Output angezeigt werden soll, ob diese negativ,
positiv oder Null ist.

Beispiel für eine if-else-Schleife

```
a=20    #Input

begin
  if a<0
    println("a ist negativ")
  elseif a==0
    println("a ist Null")
  else
    println("a ist positiv")
  end
end

Output: a ist positiv
```
◄

Übungsaufgaben

2.5 Arbeiten mit der if-else-Schleife I Erstellen Sie ein Programm, das zwei Input-Zahlen a und b darauf überprüft, ob $a > b$, $a = b$ oder $a < b$ gilt.

2.6 Arbeiten mit der if-else-Schleife II In Abschn. 2.1 haben wir bereits ein Skript zur Erzeugung von Fibonacci-Zahlen exemplarisch erzeugt. Dabei konnten wir allerdings nur für $n \geq 2$ Folgenglieder als Output generieren. Schreiben Sie dieses Skript durch Erweiterung mit der if-else-Schleife so um, dass auch für $n = 0$ und $n = 1$ die passenden Folgenglieder ausgegeben werden.

2.3 Die while-Schleife

Die while-Schleife kann in manchen Fällen eine Alternative für die for-Schleife sein. Dabei wird ein Befehl so lange wiederholt ausgeführt, wie es durch eine Bedingung vorgegeben ist. Der allgemeine Befehl für die while-Schleife lautet

```
while  Bedingung
     Auszuführender Prozess
end
```

Betrachten wir folgendes Beispiel, in dem die natürlichen Zahlen von 1 bis 5 als Output ausgeben werden:

Ausgabe der Zahlen 1 bis 5

```
a=1      #setzt Anfangswert fest

begin
   while a<=5   #setzt obere Grenze auf 5 fest
      println(a)  #gibt den Anfangswert und weitere
         Werte an
      a= a+1 #springt auf nächst höhere Zahl
   end
end
```

◄

Übungsaufgaben

2.7 Arbeiten mit der while-Schleife   Von einer vorgegeben positiven Zahl x soll immer wieder 3 abgezogen werden, solange diese neue Zahl nicht negativ wird. Schreiben Sie für diesen Prozess ein passendes Programm. Diese Programm kann z. B. zur Bestimmung des Restes bei Division durch 3 genutzt werden.

2.8 Arbeiten mit der while- und if-else-Schleife   Die Collatz-Folge einer Zahl n ist die Folge, die nach folgenden beiden Regeln gebildet wird:

1. Ist die Zahl n durch 2 teilbar, so entspricht die nächste Zahl der Folge $n/2$.
2. Ist die Zahl n nicht durch 2 teilbar, so entspricht die nächste Zahl der Folge $3n + 1$.

Zum Beispiel ergibt sich für die Startzahl 12 die Folge

$$12 \to 6 \to 3 \to 10 \to 5 \to 16 \to 8 \to 4 \to 2 \to 1,$$

d. h., wird die Zahl 1 erreicht, so endet die Folge in einer Schleife (Loop) $\dots 4 \to 2 \to 1 \to 4 \dots$.

Erstellen Sie mithilfe von if-else- und while-Schleifen ein Programm, das für eine vorgegebene Zahl n die zugehörige Collatz-Folge bis zur Zahl 2 ausgibt, d. h., die Zahl 1 wird aufgrund des auftretenden Loops der Zahlenfolge nicht mehr berücksichtigt. Verwenden Sie dafür den mathematischen Operator $\%$, der den Rest einer Zahl bei Division mit einer anderen Zahl beschreibt, z. B. $5\%2=1$ (also nicht durch 2 teilbar!).

Erstellen einfacher Grafiken

3

3.1 Erste Grafiken mit *Plots.jl*

Für einen ersten Plot erstellen wir ein neues Pluto-Notebook und laden zunächst das Package *Plots.jl* mit dem Befehl

```
using Plots
```

in einer einzelnen Zelle und bestätigen mit *Strg+enter*. Im gesamten Kap. 3 gehen wir nachfolgend davon aus, dass immer das Package *Plots.jl* eingefügt wird, auch wenn wir es in den Code-Beispielen nicht immer explizit hinzuschreiben. Prinzipiell besteht bei der Visualisierung immer die Möglichkeit, Größen oder Funktionen zu vektorisieren. Manche Funktionen, wie z. B. unsere bereits eingeführten Zufallszahlen aus Abschn. 1.8, sind standardmäßig immer Vektoren, wohingegen selbst definierte mathematische Funktionen im Allgemeinen nicht vektorisiert sind. Da wir also mit oder ohne Vektorisierung arbeiten können/müssen, werden wir im Folgenden jeweils beide Varianten aufzeigen.

Wir beginnen mit dem Standardfall und wollen die Funktion $f(x) = x^2$ auf dem Intervall [0; 1] graphisch durch einen sogenannten *Linien-Plot* darstellen. Dazu schreiben wir in eine neue Zelle den nachfolgenden Befehl.

Erster Plot (Standardfall)

```
using Plots   #muss immer geladen werden

begin
```

Ergänzende Information   Die elektronische Version dieses Kapitels enthält Zusatzmaterial, auf das über folgenden Link zugegriffen werden kann
https://doi.org/10.1007/978-3-662-68155-8_3.

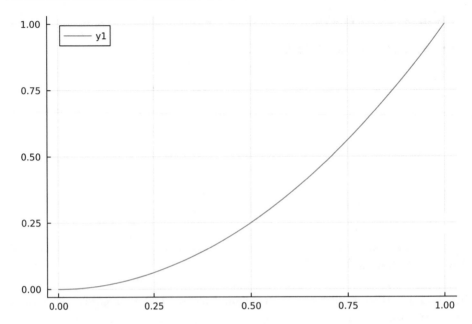

Abb. 3.1 Darstellung des ersten erstellten Plots

```
f(x)=x^2  #definiert Funktion
plot(0:0.05:1,f)
end
```

Mit *shift+enter* wird der Code bestätigt und der Plot erscheint in der Oberfläche von Pluto (siehe Abb. 3.1) über dem Code.

Nachfolgend Erklärungen zum Code und Plot:

1. Die Befehlsklammer *begin* und *end* erlaubt es, eine längere Befehlsfolge in einer einzelnen Zelle zu programmieren. Alternativ kann dieser Befehl auch weggelassen werden, dann muss aber jede Befehlsfolge in eine separate Zelle geschrieben werden.
2. In der zweiten Zeile definieren wir die darzustellende Funktion. Hierbei haben wir eine Kurzschreibweise verwendet, wobei wir alternativ auch die Funktionsumgebung aus Abschn. 1.7 hätten verwenden können.
3. Die dritte Zeile definiert nun den Plot der Funktion $f(x) = x^2$. Hierbei lautet der Befehl stets *plot(Startwert:Schrittweite:Endwert, Funktion)*.
4. Der Plot passt die Funktion automatisch auf einen geeigneten Darstellungsbereich an. Weiter erzeugt dieser erste einfache Befehl automatisch eine Legende mit Bezeichnung der Funktion in einer der oberen Ecken.

An dieser Stelle kann es sinnvoll sein, selbst an den Parametern *Startwert, Endwert* und *Schrittweite* Änderungen vorzunehmen und deren Auswirkung auf den dargestellten Graphen zu beobachten.

Als weiteren Fall wollen wir nun noch einmal denselben Plot erstellen, diesmal aber in der vektorisierten Variante.

Erster Plot (Vektorisiert)

```
using Plots  #muss immer geladen werden

begin
x=range(0,1,length=400)
plot(x,x.^2)
end
```

Mit *shift+enter* wird der Code bestätigt und der Plot erscheint in der Oberfläche von Pluto (siehe Abb. 3.1) über dem Code.

Nachfolgend Erklärungen zum Code und Plot:

1. Die Befehlsklammer *begin* und *end* erlaubt es, eine längere Befehlsfolge in einer einzelnen Zelle zu programmieren. Alternativ kann dieser Befehl auch weggelassen werden, dann muss aber jede Befehlsfolge in eine separate Zelle geschrieben werden.
2. In der zweiten Zeile definieren wir einen Vektor x, der Werte von 0 bis 1 mit 400 Intervallschritten annimmt. Je höher die Anzahl der Intervallschritte, desto glatter wird unser Plot dargestellt.
3. Die dritte Zeile definiert nun den Plot der Funktion $f(x) = x^2$. Dabei geben wir die x- und y-Komponente gemäß x und x.^ 2 an. Da es sich bei x um einen Vektor handelt, müssen wir bei der Potenzierung in der Funktion x.^ 2 einen Punkt einfügen. Dieser signalisiert dem Programm, dass für jeden einzelnen Wert von x der zugehörige y-Wert separat berechnet werden soll.
4. Der Plot passt die Funktion automatisch auf einen geeigneten Darstellungsbereich an. Weiter erzeugt dieser erste einfache Befehl automatisch eine Legende mit Bezeichnung der Funktion in einer der oberen Ecken.

Verändern Sie die Parameter in der Definition des Vektors x, d. h., verändern Sie z. B. Start- und Endwert oder die Intervallschritte und beobachten Sie, wie sich Ihre Änderungen auf den dargestellten Graphen auswirken.

Während der vektorisierte Fall sich besonders für die Verwendung von vorgefertigten, vektorisierten Funktionen eignet, bietet der Standardfall eine einfache Handhabung, wenn zusätzliche Schleifen implementiert werden. Der vektorisierte Fall besitzt den Vorteil, dass die Funktion im Vorfeld nicht extra definiert werden muss, dafür ist die Angabe des Plot-Bereichs über den Vektor

```
range()
```

nötig. Im weiteren Verlauf werden wir stets den Standardfall verwenden und nur an ausgewählten Stellen, an denen die vektorisierte Form tatsächlich notwendig erscheint oder signifikante Vorteile bietet, auf jene zurückgreifen.

3.2   Mehrere Funktionen in einer Grafik

Oft möchte man mehrere Funktionen in einem einzigen Plot darstellen oder mehrere Einzelplots ansprechend in einer Gesamtgrafik präsentieren. *Plots.jl* bietet hierfür mehrere Möglichkeiten, die wir nun nacheinander vorstellen.

Die einfachste Möglichkeit z. B. zwei Funktionen gleichzeitig darzustellen bildet der Befehl

```
[Funktion1, Funktion2]
```

Betrachten wir hierfür nachfolgendes Beispiel mit den beiden Funktionen $y_1 = x^2$ und $y_2 = x$:

Darstellung von zwei Funktionen

```
using Plots

begin
f(x)=x^2
g(x)=x
plot(0:0.001:1,[f,g])
end
```

Der Output liefert dann die Grafik, die in Abb. 3.2 dargestellt ist.

Eine weitere Möglichkeit, die aufgrund der Übersichtlichkeit oft praktikabler sein kann, besteht darin, zwei einzelne Plots zu „Überlagern". Dies geschieht durch den Befehl

```
plot!()
```

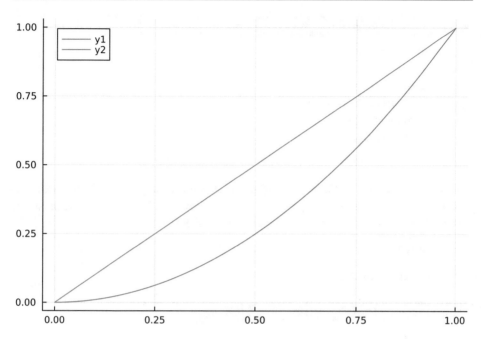

Abb. 3.2 Darstellung von zwei Funktionen in einem gemeinsamen Plot

d. h., das Ausrufezeichen erzeugt die Überlagerung (gilt auch für andere Plot-Varianten).

Darstellung von zwei Funktionen – Überlagerung (Standardfall)

```
using Plots

begin
f(x)=x^2
g(x)=x
plot(0:0.001:1,f)
plot!(0:0.001:1,g)
end
```

Überlagerungen können auch im vektorisierten Fall analog verwendet werden, wobei hier der Code etwas kompakter ist, da das Plot-Intervall bereits zu Beginn für beide Funktionen definiert wird.

Darstellung von zwei Funktionen – Überlagerung (Vektorisiert)

```
using Plots

begin
x=range(0,1,length=400)
plot(x,x.^2)
plot!(x,x)
end
```

Möchte man die zwei Funktionen in separaten Darstellungen, jedoch in einer gemeinsamen Grafik nebeneinander anzeigen, so kann man jeden einzelnen Plot mit einem Namen beschreiben, hier *p1* und *p2,* und anschließend den Befehl

```
plot(p1,p2)
```

verwenden (siehe Abb. 3.3).

Darstellung von zwei Funktionen – Nebeneinander

```
using Plots

begin
x=range(0,1,length=400)
p1=plot(x,x.^2)
p2=plot(x,x)
plot(p1,p2)
end
```

Übungsaufgaben

3.1 Standardfall kompakt Ein bisheriger Nachteil des Standardfalls ist es, dass das Plot-Intervall immer neu eingegeben werden muss. Allerdings kann man bei mehrfacher Verwendung des gleichen Intervalls dieses vordefinieren. Im nachfolgenden Code ist das Intervall bereits vordefiniert und in die Plot-Umgebung implementiert. Welchen Anfangs- und Endwert besitzt das Intervall, welche Intervall-Schritte werden dargestellt? Geben Sie die Funktionsterme der verwendeten Funktionen an.

```
using Plots

begin
r=0:0.025:1    #vordefiniertes Plot-Intervall
f(x)=-x+1
g(x)=-x^2+1
```

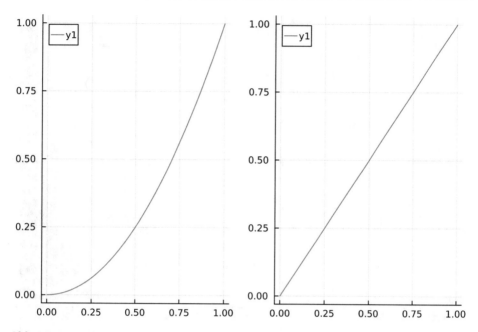

Abb. 3.3 Darstellung von zwei Funktionen nebeneinander in einem gemeinsamen Plot

```
plot(r,f)
plot!(r,g)
end
```

3.2 Zwei Funktionen nebeneinander im Standardfall In diesem Kapitel haben wir lediglich den Code für zwei nebeneinander dargestellte Funktionen im vektorisierten Fall betrachtet. Stellen Sie die beiden Funktionen $f(x) = 0,1 \cdot x^3$ und $g(x) = sin(x)$ in zwei nebeneinander stehenden Plots im Standardfall über dem Definitionsbereich $x \in [-\pi; \pi]$ dar.

3.3   Verschiedene Basis-Plots

Daten in Julia können oft durch drei große Typen von Diagrammen dargestellt werden. Den Befehl *plot* haben wir bereits kennengelernt, wobei dieser gerade Linien zwischen aufeinanderfolgenden Punkten erzeugt. Der Befehl

```
bar
```

erzeugt ein Balkendiagramm (=Säulendiagramm) zu den bestehenden Punkten. Mit

```
scatter
```

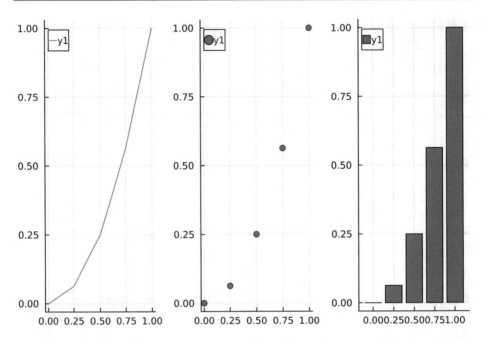

Abb. 3.4 Darstellung von Linien-Plot, Punktfolgen und Balkendiagramm

werden die tatsächlichen Punkte zu den einzelnen Wertepaaren (siehe Abb. 3.4) erzeugt.

Linien-Plot, Bar-Plot und Scatter-Plot

```
using Plots

begin
f(x)=x^2
r=0:0.2:1
p1=plot(r,f)  #legt gemeinsames Intervall fest
p2=scatter(r,f)
p3=bar(r,f)
plot(p1,p2,p3,layout=(1,3))
end
```

3.4 Plotten von diskreten Datensätzen

Bisher haben wir kontinuierlich verteilte Datensätze betrachtet. Julia erlaubt aber auch das Darstellen diskreter Werte. Betrachten wir dazu z. B. den nachfolgenden Datensatz:

Monat	Januar	Februar	Mai
Anzahl Sonnenstunden	7,5	8	11

Die Werte können nun z. B. mittels eines Scatter-Plots dargestellt werden (vergl. Abb. 3.5), indem man für die Monate und Sonnenstunden jeweils einen Vektor $[x_1, x_2, \dots]$ definiert. Da wir im Graphen die Monatsnamen angezeigt haben wollen, setzen wir diese in Anführungszeichen.

Darstellung Diskreter Datensätze

```
using Plots

begin
Monate=["Januar","Februar","Mai"]
Sonnenstunden=[7.5,8,11]
scatter(Monate,Sonnenstunden)
end
```

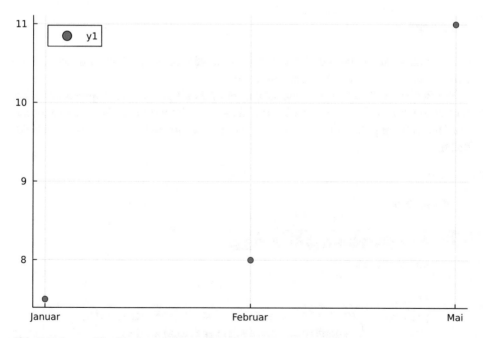

Abb. 3.5 Scatter-Plot für einen diskreten Datensatz

3.5   Abspeichern von Grafiken und Anpassen der Bildgröße

Erstellte Plots können in unterschiedlichen Dateiformaten abgespeichert werden. PNG, SVG und PDF sind dabei innerhalb von *Plots.jl* mögliche Formate, wobei eine SVG- oder PDF-Datei den Vorteil mit sich bringt, dass die Grafik bei Größenänderung automatisch skaliert. Bei einer PNG-Datei müssen wir zusätzlich noch einige Anpassungen vornehmen, um eine hinreichend gute Auflösung zu garantieren.

Um einen Plot z. B. als PDF abzuspeichern, benutzt man den Befehl

```
savefig("Dateiname.pdf")
```

also:

Abspeichern von Grafiken

```
using Plots

begin
p=plot(0:0.01:1,x^2)

savefig("Dateiname.pdf")
end
```

Der Dateiname kann dabei individuell angepasst werden. Die PDF-Datei wird dann in demselben Ordner wir die Julia-Datei abgespeichert.

Der Befehl für PNG-Dateien lautet analog, nur dass die Endung durch *.png* ersetzt wird. Julia generiert PNG-Dateien in der Standardauflösung 600×400. Typischerweise möchte man die Auflösung des Bildes erhöhen. Dazu müssen mehrere Plot-Attribute durch den Befehl

```
size
```

ergänzt werden.

Anpassen der Auflösung von PNG-Exporten

```
using Plots

begin
p=plot(0:0.01:1,x^2,size=(1200,800),tickfontsize=18,
            legendfontsize=18,titlefontsize=18)

savefig("Dateiname.png")
end
```

Der Befehl *size=(1200,800)* erhöht die allgemeine Bildgröße auf 1200 × 800. Dies skaliert allerdings nicht die Schriftgrößen mit, weshalb wir im obigen Beispiel mithilfe des size-Befehls auch die *fontsize* (Schriftgröße) der Achsenbeschriftung *(ticks)*, des Titels *(title)* sowie der Legende *(legend)* auf 18 angepasst haben.

3.6   Darstellen von Figuren

Julia-Plots erlaubt neben der Visualisierung von diskreten Datensätzen oder Funktionen auch das Erstellen von (farblich ausgefüllten) Figuren. Die Eckpunkte der Figur werden dabei durch Koordinatenangaben der Form (x, y) beschrieben. Die einzelnen Koordinaten werden in der angegebenen Reihenfolge automatisch durch Linien verbunden, wobei Julia zusätzlich den ersten und letzten Punkt verbindet und die daraus entstehende Figur mit einer Farbe ausfüllt. Der entsprechende Befehl zur Erzeugung der Figur lautet

```
plot(Shape([(x1,y1),(x2,y2),...]))
```

Wollen wir z. B. ein einfaches Dreieck mit den Eckpunkten (1,1), (2,1) und (1,2) erzeugen, so ergibt sich folgender Programmcode, der die Grafik aus Abb. 3.6 links erzeugt.

Dreieck

```
using Plots

plot(Shape([(1,1),(2,1),(1,2)]))
```

Mehrere Figuren können wie gewohnt mittels Überlagerung von Einzelgrafiken zu einer Gesamtgrafik zusammengefügt werden. Innerhalb des Shape-Befehls besteht allerdings auch die Möglichkeit, mehrere Figuren simultan einzugeben. Einzelne Figuren müssen dann lediglich durch einen Trennungspunkt der Form (NaN,NaN) voneinander unterschieden werden. Wir verdeutlichen dies, indem wir obigen Programmcode um ein zusätzliches Viereck erweitern, das innerhalb des Shape-Befehls getrennt implementiert wird. Die erzeugte Grafik ist in Abb. 3.6 rechts zu sehen.

Dreieck und Viereck gemeinsam

```
using Plots

plot(Shape([(1,1),(2,1),(1,2),(NaN,NaN),(2,2),(3,2),(3,3),
(2,3)]))
```

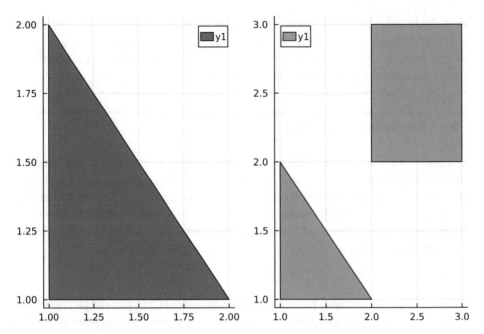

Abb. 3.6 Erzeugen eines ausgefüllten Dreiecks (links) sowie einer Kombination aus Dreieck und Viereck (rechts)

Figuren lassen sich mit denselben Attributen wie einfache Linien- oder Bar-Plots optisch verändern (z. B. Farbanpassung). Mehr dazu erfahren Sie im Kap. 4.

Definiert man Figuren mit einer Namensbezeichnung, so ergibt sich die zusätzliche Option, die erzeugte Figur z. B. auch als Marker innerhalb eines Scatter-Plots zu verwenden. Betrachten wir dazu nochmals unser Dreieck vom Anfang. Im nachfolgenden Programmcode bezeichnen wir das Dreieck mit einem Namen und verwenden es anschließend als Marker für einen diskreten Datensatz. Dabei müssen wir u. a. die Größe der Figur verkleinern. Dies geschieht durch das Attribut *markersize=x*. Mehr dazu erfahren Sie im Abschn. 4.7. Die Figur wird dabei in der entsprechenden Orientierung und Positionierung als Marker übernommen. Aus diesem Grund wählen wir die Eckpunkte so, dass eine Ecke im Ursprung (0,0) liegt (siehe Abb. 3.7).

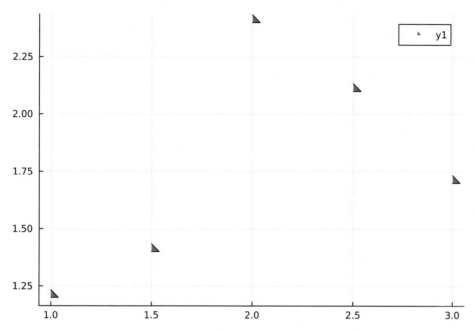

Abb. 3.7 Figur (Dreieck), die als Marker innerhalb eines Scatter-Plots verwendet wird

Dreieck als Markerform

```
using Plots

Dreieck=Shape([(0,0),(1,0),(0,1)])

scatter([1,1.5,2,2.5,3],[1.2,1.4,2.4,2.1,1.7],
markershape=Dreieck,markersize=16)
```

Darstellungsoptionen von Plots und Schleifen mit Funktionen

4.1 Achsenbeschriftungen, Titel und Legende

Ein Plot kann durch mehrere zusätzliche Optionen erweitert werden, um z. B. Achsenbeschriftungen, Darstellungsbereiche, Darstellungsverhältnisse, Schriftgrößen, Beschriftung der Legende oder den Plot-Titel zu variieren. Diese Veränderungen werden allgemein als *Attribute des Plots* bezeichnet.

Nachfolgend werden die wichtigsten Befehle aufgezählt:

- Die Bezeichnung der Achsen kann mit dem Befehl *xlabel="Bezeichnung"* für die x-Achse sowie *ylabel="Bezeichnung"* für die y-Achse eingestellt werden.
- Der gewünschte Darstellungsbereich (Intervall) kann mit den Befehlen *xlims=(a,b)* für ein Intervall $[a; b]$ in x-Richtung und *ylims=(c,d)* für ein Intervall $[c; d]$ in y-Richtung eingestellt werden.
- Die Position und Häufigkeit der Plot-Ticks kann mit dem Befehl *xticks=a:d:b* für ein Intervall $[a; b]$ mit Schrittweite d entlang der x-Achse und ebenso mit *yticks=a:d:b* für die y-Achse eingestellt werden.
- Das Verhältnis v von y- zur x-Richtung kann mit dem Befehl *ratio= v* eingestellt werden.
- Alle Schriftgrößen (Zahl) können mit dem Zusatz *fontsize=Zahl* verändert werden, sowird z. B. die Schriftgröße der Beschriftung der x-Achse mit *xfontsize=12* auf 12pt gesetzt.

Ergänzende Information Die elektronische Version dieses Kapitels enthält Zusatzmaterial, auf das über folgenden Link zugegriffen werden kann
https://doi.org/10.1007/978-3-662-68155-8_4.

- Jeder Plot erzeugt automatisch eine Legende. Die Beschriftung der Legende kann mit dem Befehl *label="Bezeichnung"* geändert werden. Möchte man für einen Plot keine Legende anzeigen, so schreibt man *label=false*.
- Jeder Plot kann durch den Befehl *title="Plot-Titel"* mit einem Titel versehen werden.

Betrachten wir als Beispiel nachfolgenden Befehlssatz.

Plot mit Attributen

```
using Plots

begin
plot(0:0.01:1,x^2,xlims=(0,1),ylims=(0,1),xticks=0:0.5:1,
yticks=0:0.2:1,label="G_f",xlabel="x",ylabel="y",
title="Graphf(x)=x²",titlefontsize=12,ratio=0.5)
end
```

Der zugehörige Plot ist in Abb. 4.1 dargestellt.

Werden mehrere Plots übereinandergelegt, so werden die Attribut-Einstellungen des ursprünglichen Plots übernommen und müssen nicht immer neu eingegeben werden, es sei denn, man ändert diese manuell für einen weiteren Plot ab.

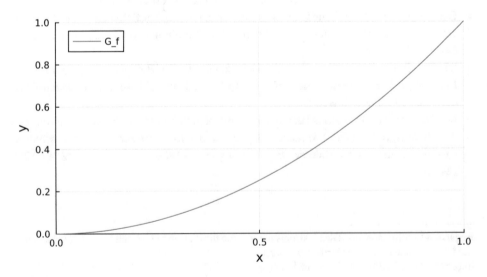

Abb. 4.1 Plot mit veränderten Plot-Attributen

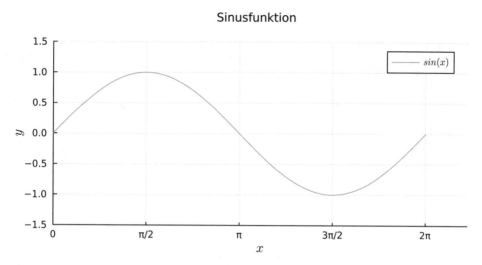

Abb. 4.2 Plot einer Sinusfunktion mit einer Einteilung der x-Achse in Vielfache von π

Bei Darstellungen von trigonometrischen Funktionen empfiehlt sich eine Achsenskalierung in Vielfachen von π. Der Befehl hierfür läuft über eine manuelle Einstellung:

x-Achse als Vielfaches von π

```
xticks=([0,pi/2,pi,3pi/2,2pi],["0","pi/2","pi","3pi/2","2pi"])
```

Hierbei ist zu Beachten, dass das Zeichen π in dem zweiten Vektor über den Befehl

```
\pi Tab
```

eingefügt werden muss. Ein Beispiel für eine entsprechend formatierte x-Achse ist in Abb. 4.2 zu sehen.

4.2   Verwenden von LᴬTEX -Zeichensätzen und Beschriftungen

Bindet man das in Abschn. 1.3 beschriebene Package *LaTeXStrings.jl* mittels *using LaTeXStrings* im Pluto-Script ein, so kann man bei Beschriftungen LᴬTEX -Zeichensätze verwenden. Um diese Zeichensätze zu verwenden, muss vor den Beschriftungstext jeweils ein *L* hinzugefügt werden, für die Beschriftung des Titels also z. B.

```
title=L"Titel Grafik"
```

LᴬTEX -Zeichensätze erlauben es zudem, auch Formeln in der Beschriftung einzufügen. So liefert z. B. *label=L"f(x)=x ^ 2"* die in Abb. 4.3 dargestellte Legende.

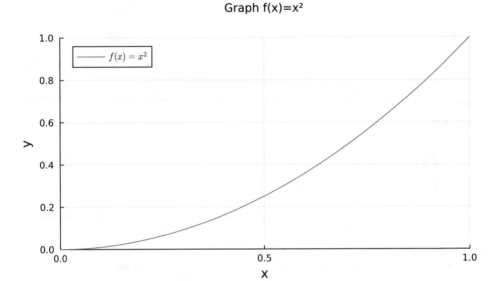

Abb. 4.3 Plot mit veränderten Plot-Attributen und Legende mit LATEX -Formel

In gewissen Situationen möchte man zusätzliche Informationen in Form von Fachbegriffen oder kleinen Textstücken noch in die Grafik mit einbauen. Diese Anmerkungen können in Julia mit dem Befehl

```
annotate(x-Koordinate, y-Koordinate,text("Beschriftung", :Farbe,
    Schriftgröße))
```

an der Stelle (x-Koordinate, y-Koordinate) im Plot eingefügt werden. Auf die entsprechenden Farboptionen werden wir in den nächsten Abschnitten im Detail eingehen.

Übungsaufgabe

4.1 Beschriftungen und LATEX -Formelsatz Die nachfolgende Grafik stellt die Funktion $f(x) = x^4 - 2x^2$ mit zusätzlicher Hervorhebung der Hoch- und Tiefpunkte inkl. zugehöriger Beschriftung dar. Schreiben Sie selbst ein Programm in Pluto, das Ihnen diese Abbildung erzeugt.

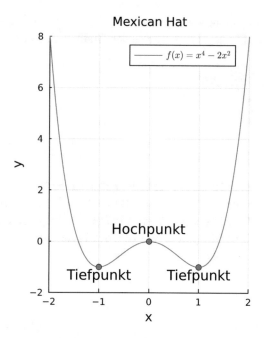

4.3   Darstellungsmöglichkeiten des Koordinatengitters

Im Abschn. 4.1 haben wir bereits einige wichtige Befehle kennengelernt, wie man z. B. die Legende, den Titel oder die Achsenbeschriftung einer Grafik einstellen kann. Hier wollen wir nun im Detail auf die verschiedenen Attribute für das Koordinatensystem eingehen.

Nachfolgende Aufzählung stellt die gängigsten Attribute für das Koordinatengitter dar:

- Mit den Attributen *grid=true* oder *grid=false* kann festgelegt werden, ob ein Koordinatengitter angezeigt werden soll oder nicht.
- Mit dem Attribut *gridlinewith=x* werden die Linien des Koordinatengitters mit der Breite *x* dargestellt.
- Mit dem Attribut *gridstyle=Attribut* können verschiedene Darstellungsformen/Attribute des Koordinatengitters gewählt werden wie z. B. *:dash* (gestrichelt), *:dot* (gepunktet) oder *:solid* (durchgehend).
- Mit dem Attribut *gridalpha=x* kann die Deckkraft des Koordinatengitters auf den Wert *x* festgelegt werden.
- Mit den Attributen *xaxis=* und *yaxis=* kann man die Skalierung der *x*- bzw. *y*-Achse z. B. auf eine logarithmische Skalierung mit *:ln* (natürlicher Logarithmus), *:log2* (Logarithmus zur Basis 2) oder *:log10* (Logarithmus zur Basis 10) ändern.

Der nachfolgende Programmcode implementiert einige der oben genannten Attribute für das Koordinatengitter. Die zugehörigen erzeugten Grafiken sind in Abb. 4.4 zu sehen.

Koordinatengitter Attribute

```
using Plots

begin
x=0:0.01:1
f(x)=x
p1=plot(x,f,grid=false,title="grid=false")
p2=plot(x,f,gridlinewidth=3,title="gridlinewith=3")
p3=plot(x,f,gridstyle=:dash,title="gridstyle=:dash")
p4=plot(x,f,gridalpha=1,title="gridalpha=1")
plot(p1,p2,p3,p4)
end
```

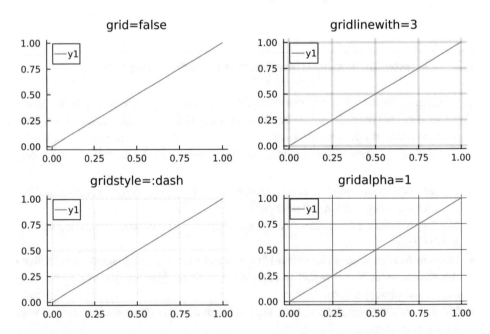

Abb. 4.4 Verschiedene Darstellungsmöglichkeiten des Koordinatengitters

Neben den Attributen des Koordinatengitters spielt auch dessen Ausrichtung und Darstellung eine wesentliche Rolle. Die Ausrichtung des Koordinatenursprungs und Gitters wird von Julia automatisch anhand des Definitionsbereichs festgelegt. Dementsprechend werden auch die Achsen dargestellt. Neben dieser Standardeinstellung sind noch weitere Optionen möglich, die durch das Attribut

```
framestyle=
```

mit dem Zusatz *:box* (umrandeter Graph), *:origin* (Kartesisches Koordinatensystem), *:semi* (Standardeinstellung), *:zerolines* (Ausrichtung am Ursprung), *:grid* (ausschließliche Darstellung des Gitters) oder *:none* (kein Koordinatengitter) innerhalb des Plot-Befehls implementiert wird. Die Abb. 4.5 stellt die verschiedenen Ausrichtungsmöglichkeiten für jeweils dieselben Daten dar.

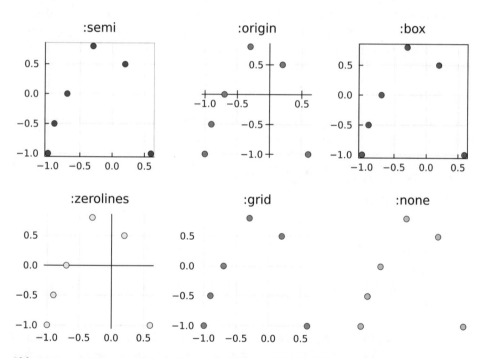

Abb. 4.5 Ausrichtungs- und Darstellungsmöglichkeiten des Koordinatenursprungs, des Gitters und der Achsen

Übungsaufgabe

4.2 Koordinatengitter und Ausrichtung Schreiben Sie ein Programm, das die natürliche Exponentialfunktion $e(x) = exp(x)$ auf dem Definitionsbereich $x \in [0; 1]$ graphisch darstellt. Einmal soll die Funktion mit dem Attribut *framestyle=:origin* dargestellt werden. Verwenden Sie für eine zweite Darstellung eine logarithmisch skalierte y-Achse, z. B. mit dem Attribut *yaxis=:log10*.

4.4   Beschriftung und Position der Legende

Wie bereits in vorherigen Abschnitten erklärt, können wir die Beschriftung der Legende mit dem Attribut *label="Text"* im Standardformat oder mit *label=L"Text+Formel"* in der LATEX -Umgebung eingeben. Beim Erstellen eines Plots legt Julia die Position der Legende in der Grafik automatisch fest. So kann es jedoch auch manchmal dazu kommen, dass die Legende in den darzustellenden Bereich der Grafik hineinragt und unter Umständen wichtige Informationen verdeckt. Aus diesem Grunde möchte man die Position der Legende dann per Hand festlegen. Mit dem Attribut

    `legend=`

sowie den gängigsten Anzeigeoptionen *:topleft, :top, :topright, :left, :inside, :right, :bottomleft, :bottom* und *:bottomright* lässt sich die Legende im Plot ausrichten.

Beispielcode für die Ausrichtung der Legende

```
using Plots

begin
x=0:0.01:1
f(x)=x
plot(x,f,legend=:inside) #Legende in der Mitte der Grafik
end
```

Will man überhaupt keine Legende angezeigt bekommen, so geschieht dies mit dem Befehl *legend=false*. Nachfolgende Abb. 4.6 stellt die verschiedenen Ausrichtungsmöglichkeiten dar.

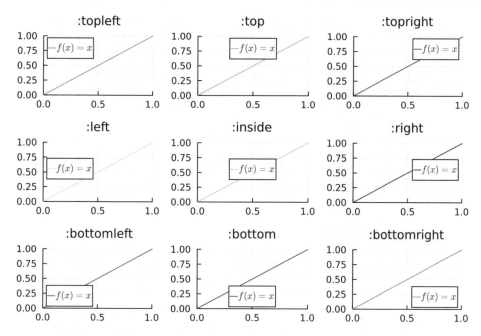

Abb. 4.6 Ausrichtung der Legende

Übungsaufgabe

4.3 Weitere Positionen der Legende   Neben den bisher präsentierten Positionierungs-
möglichkeiten der Legende gibt es noch weitere Befehle, nämlich: *:outertopleft, :outertop,
:outertopright, :outerleft, :outerright, :outerbottomleft, :outerbottom, :outerbottomright*
sowie *:inline*. Veranschaulichen Sie sich alle hier aufgelisteten Legenden-Positionierungen
anhand eines selbst gewählten Beispiels.

4.5   Linientypen, Liniendicke und Farboptionen

Mit dem Befehl

```
plot()
```

werden Datensätze durch Linien verbunden dargestellt. Man bezeichnet diese Darstellung
daher manchmal auch als *Linien-Plot* (engl. *line plot*). Innerhalb des Befehle lassen sich
unterschiedliche Attribute wie z. B. die Linienart, die Linienbreite oder die Farbdarstellung
anpassen. Die folgende Auflistung stellt die gängigsten Attribute dar:

- Mit dem Attribut *linewidth=x* oder einfach nur *line=x* lässt sich die Linienbreite auf die
  Größe x festlegen. Die Standardbreite beträgt hierbei $x = 1$.

- Mit dem Attribut *linestyle=* und dem Zusatz *:solid* (durchzogene Linie), *:dash* (gestrichelte Linie), *:dot* (gepunktete Linie), *:dashdot* (Strich-Punkt-Linie) oder *:dashdotdot* (Strich-Punkt-Punkt-Linie) lassen sich die verschiedenen Linientypen einstellen.
- Mit dem Attribut *color=* oder auch *linecolor=* und einer passenden Farbwahl, z. B. *:red, :blue* oder *:green*, lässt sich die Linienfarbe einstellen.
- Mit dem Attribut *linealpha=x* lässt sich die Transparenz der Linie auf einen Wert zwischen 0 und 1 einstellen.

Auf die vielfältigen in Julia verfügbaren Farboptionen werden wir später noch separat eingehen. Der nachfolgende Programmcode implementiert alle aufgezählten Attribute. Die zugehörige erzeugte Grafik zeigt Abb. 4.7.

Linien-Plot mit Attributen

```
using Plots

begin
plot(rand(10),linestyle=:solid,linewidth=:2,label=":solid")
plot!(rand(10),linestyle=:dash,linewidth=:2,color=:orange,
label=":dash")
plot!(rand(10),linestyle=:dot,color=:green,label=":dot")
plot!(rand(10),linestyle=:dashdot,color=:pink,
label=":dashdot")
plot!(rand(10),linestyle=:dashdotdto,color=:brown,
label=":dashdotdot")
end
```

Übungsaufgabe

4.4 Kreis Ein Halbkreis wird in der oberen Halbebene durch die Funktion

$$f(x) = \sqrt{1 - x^2}$$

beschrieben. Schreiben Sie ein Programm, das die Grafik aus Abb. 4.8 reproduziert.

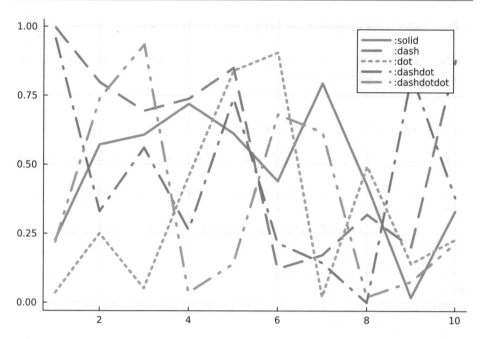

Abb. 4.7 Verschiedene Linienoptionen in der plot-Umgebung

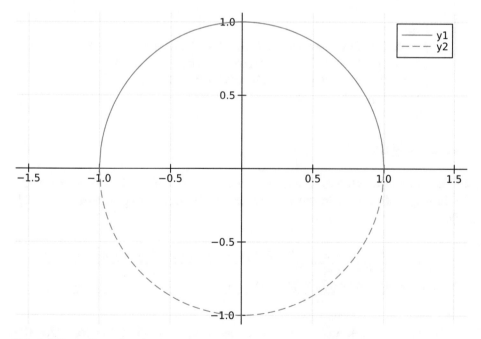

Abb. 4.8 Darstellung eines Kreises mit verschiedenen Darstellungsattributen

4.6   Säulenfüllung, Säulenbreite und Transparenz

Ähnlich zu den Linen-Plots lassen sich auch Balkendiagramme (oder auch Säulendiagramme), die mithilfe des Befehls

```
bar()
```

erzeugt werden, mit unterschiedlichen Attributen versehen.

- Mit dem Attribut $bar\_width = x$ lässt sich die Breite der dargestellten Säulen auf einen Wert x einstellen.
- Mit dem Attribut *color=* sowie den gängigen Farbdefinitionen lässt sich die Füllfarbe der Säulen bestimmen.
- Mit dem Attribut *alpha=x* lässt sich die Deckkraft der Säulen auf einen Wert zwischen 0 und 1 einstellen.

Der nachfolgende Programmcode implementiert beispielhaft alle aufgezeigten Attribute. Die zugehörige erzeugte Grafik ist in Abb. 4.9 zu sehen.

Säulendiagramm Attribute

```
using Plots

begin
p1=bar(rand(5),bar_width=0.5,label="bar_width=0,5")
p2=bar(rand(5),color=:gray,label="color=:gray")
p3=bar(rand(5),alpha=0.5,label="alpha=0.3")
plot(p1,p2,p3)
end
```

Übungsaufgabe

4.5 Bevölkerungswachstum Die nachfolgende Tabelle zeigt die Bevölkerungsanzahlen der jeweiligen Kontinente in Millionen im Jahr 2021 sowie hochgerechnet auf das Jahr 2100.

Kontinente	Asien	Afrika	Europa	Lateinamerika	Nordamerika	Ozeanien
Bevölkerung 2021	4694	1394	745	656	375	45
Bevölkerung 2100	4674	3924	587	647	448	69

Erstellen Sie aus diesen Angaben ein Säulendiagramm, wobei die Werte des Jahres 2100 über den Werten aus dem Jahr 2021 mit einer Transparenz von 30 % dargestellt werden sollen. Wählen Sie als Farbe des Datensätzes für das Jahr 2021 *:orange1* und für das Jahr 2100 *:green3*. Erhöhen Sie zusätzlich die Deckkraft des Koordinatengitters auf 80 %.

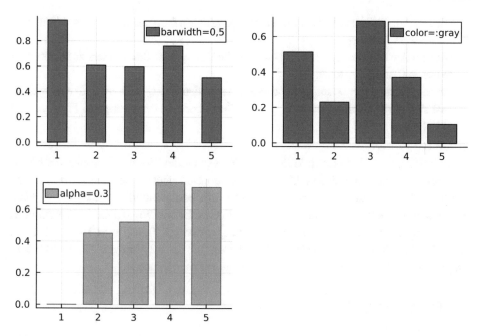

Abb. 4.9 Unterschiedliche Attribute für Säulendiagramme

4.7   Markerattribute

Marker (=Punkte) können in Julia mit dem Package *Plots.jl* mithilfe des Befehls

```
scatter()
```

erzeugt werden. Ähnlich zu den Linien-Plots und den Säulendiagrammen besitzen Marker eine Vielzahl von Attributen, die nachfolgend erläutert werden:

- Mit dem Attribut *markersize=x* wird die Größe eines Markers auf den Wert x festgelegt.
- Mit dem Attribut *markerstrokesize=x* wird die Breite der Markerumrandung auf den Wert x festgelegt.
- Mit dem Attribut *markerstrokestyle=* und den Zusätzen *:dash* (gestrichelt), *:dot* (gepunktet), *:dashdot* (Strich-Punkt) oder *:dashdotdot* (Strich-Punkt-Punkt) kann der Linientyp der Markerumrandung festgelegt werden.
- Mit dem Attribut *markerstrokecolor=* und einem zusätzlichen Farbbefehl lässt sich die Farbe der Markerumrandung festlegen.
- Mit dem Attribut *markerstrokealpha=x* lässt sich die Transparenz der Markerumrandung auf einen Wert zwischen 0 und 1 einstellen.

- Mit dem Attribut *markercolor=* und einem zusätzlichen Farbbefehl lässt sich die Füllfarbe des Markers festlegen.
- Mit dem Attribut *markeralpha=x* lässt sich die Transparenz des Markers auf einen Wert zwischen 0 und 1 einstellen.
- Mit dem Attribut *markershape=* und einem passenden Zusatz, z. B. *:rect* für ein Quadrat, lässt sich die Darstellungsform festlegen. Eine Übersicht der gängigsten Formen zeigt Abb. 4.10.

Als Beispiel möchten wir hier die kreisförmige Bewegung der Erde um die Sonne durch Marker skizzieren. Die Sonne sitzt im Ursprung des Koordinatengitters und besitzt die Füllfarbe *:yellow* und die Umrandungsfarbe *:orange*. Die Erde besitzt natürlich die Füllfarbe *:blau*, die Umrandung belassen wir auf dem Standardwert schwarz. Wir stellen nur 8 Positionen der Erde um die Sonne dar, wobei wir die Startposition mit Transparenz 1 darstellen und die anderen Positionen absteigend mit Transparenz 0,8 bis 0,2 einfügen. Die in Abb. 4.11 dargestellte Grafik entstand aus dem nachfolgenden Programmcode.

Marker – Erdumlaufbahn

```
using Plots

begin
scatter([0],[0],markercolor=:yellow,markerstrokecolor=:orange,
markersize=20,legend=false,framestyle=:none) #Sonne
scatter!([2],[0],markercolor=:blue,markersize=8)   #Erde
scatter!([1.4,0,-1.4,-2,-1.4,0,1.4],[1.4,2,1.4,0,-1.4,-2,-1.4],
markercolor=:blue,markeralpha=[0.8,0.7,0.6,0.5,0.4,0.3,0.2],
```

Abb. 4.10 Verschiedene Markerdarstellungen mit dem Attribut *markershape=*

Abb. 4.11 Schematische
Darstellung der Erdumlaufbahn
durch Marker unterschiedlicher
Farbe und absteigender
Transparenz

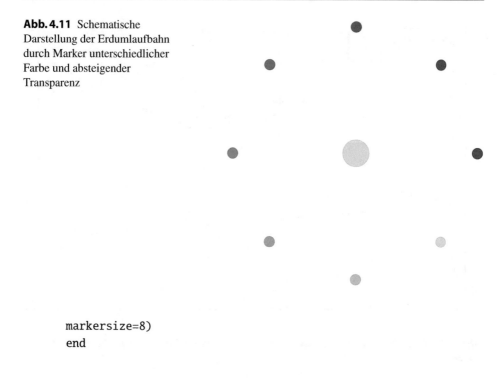

```
    markersize=8)
    end
```

4.8 Pfeile und Beschriftung innerhalb von Plots

Mit dem Titel sowie den Bezeichnungen in der Legende werden schon wichtige Informationen einer Grafik mitgeteilt. Jedoch kommt es immer wieder vor, dass man bestimmte Eigenschaften in der Grafik nochmals durch einen unterstützenden kleinen Text oder durch Markierung mittels Pfeilen betonen möchte. Innerhalb des Package *Plots.jl* kann dies durch die beiden folgenden Befehle geschehen:

- Pfeil vom Punkt $(a|b)$ zum Punkt $(c|d)$: *plot([a,c],[b,d],arrow=true)*. Wie in der Plot-Umgebung üblich (vgl. Abschn. 4.5), können mit zusätzlichen Attributen Pfeildicke, Pfeilfarbe und Pfeiltransparenz angepasst werden.
- Text am Punkt $(a|b)$: *annotate(a,b,text("Text",Farbe,Textgröße))*

Betrachten wir hierzu als Beispiel zwei Exponentialfunktionen, die zu einem Wachstumsprozess und einem Zerfallsprozess gehören. Dabei möchten wir das Wachstum und den Zerfall durch Pfeile und zugehörigen Text in der Grafik nochmals hervorheben. Ein Programmcode, der die in Abb. 4.12 gezeigte Grafik erzeugt, lautet:

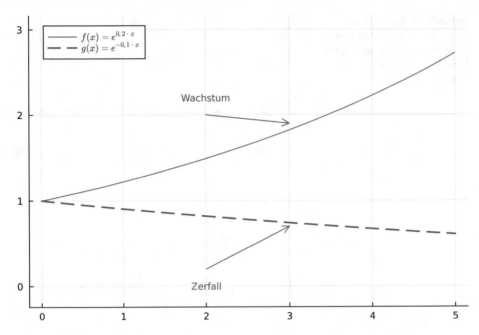

Abb. 4.12 Darstellung von Funktionen mit unterschiedlichen Attributen sowie Pfeilen mit Bemerkungen

---

Pfeile und Beschriftungen

```
using Plots

begin
x=range(0,5,length=200)
plot(x,exp.(0.2*x),c=:red2,ratio=1,
label=L"f(x)=e^{0,2\cdot x}")
plot!(x,exp.(-0.1*x),c=:green4,linestyle=:dash,linewidth=2,
label=L"g(x)=e^{-0,1\cdot x}")
plot!([2,3],[0.2,0.7],label=false,arrow=true,c=:green4)
annotate!(2,0,text("Zerfall",:green4,8))
plot!([2,3],[2,1.9],label=false,arrow=true,c=:red2)
annotate!(2,2.2,text("Wachstum",:red2,8))
end
```

4.9   Farben, Füllungen zwischen Kurven und Farbattribute

Farben spielen bei der Visualisierung von Daten oder Plots eine wesentliche ästhetische Rolle. In der Standardumgebung, die auf dem Package *Plots.jl* basiert, werden unterschiedliche Plots automatisch mit unterschiedlichen Farben dargestellt. Oft ist es jedoch von Nutzen, den Grafiken eigene Farbvorgaben mitzugeben. Eine Erweiterung hierfür liefert das Package *Colors.jl*, das zuerst auf dem System installiert werden muss. Innerhalb der Umgebung *Plots.jl* können Farben dann immer mithilfe des Befehls

```
color=:Farbe
```

oder kurz

```
c=:Farbe
```

eingestellt werden. Viele Standardfarben sind bereits mit diversen Abstufungen voreingestellt wie z. B. die Farben rot (*:red, :red1, :red2, :red3*), blau (*:blue, :blue1, :blue2, :blue3, :blue4*) oder gelb (*:yellow, :yellow1, :yellow2*). Insbesondere die Farbe grau wird in Stufen von 1 bis 100 abgeschwächt, also *:gray, :gray1, :gray2, … , :gray99*. Neben diesen Standardfarben existieren noch etliche weitere voreingestellte Farbtöne. Diese können Sie z. B. auf der Website

http://juliagraphics.github.io/Colors.jl/stable/namedcolors/

einsehen. Wird eine Farbe gewählt, so überträgt sich diese auch automatisch auf die entsprechende Bezeichnung in der Legende. Betrachten wir als Beispiel hierzu den nachfolgenden Code, der die Grafik aus Abb. 4.13 erzeugt.

Verändern der Farbe

```
using Plots

begin
x=range(0,1,length=200)
plot(x,x.^2,xlims=(0,1),ylims=(0,1),xticks=0:0.5:1,
yticks=0:0.2:1,label=L"f(x)=x^2",xlabel="x",ylabel="y",
title="Graph f(x)=x²",titlefontsize=12,ratio=0.5, c=:blue3)

y=range(0.1,1,length=11)
bar!(y,(y .-0.1).^2,bar_width=0.2,label="Balken",c=:red2)
end
```

Neben Anpassungen der Linienfarbe, Markerfarbe, Füllfarbe von Figuren sowie der Balkenfarbe kann es manchmal auch gewünscht sein, den Bereich zwischen zwei Funktionsgraphen farblich hervorzuheben. Dies geschieht mit dem Befehl

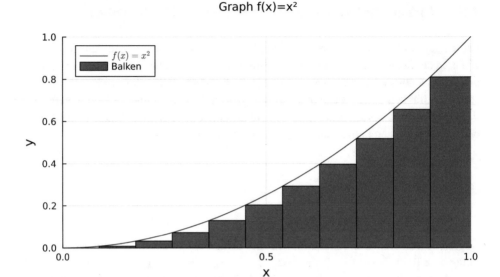

Abb. 4.13 Farbliche Darstellung verschiedener Plot-Elemente

```
plot(x-Werte,Funktion1,fillrange=Funktion2,color=:Farbe)
```

Dabei wird immer die Fläche zwischen der *Funktion1* und der *Funktion2* ausgefüllt. Der nachfolgende Programmcode füllt die Fläche zwischen einer Sinus- und Kosinusfunktion mit der Farbe Orange aus. Die zugehörige erzeugte Grafik zeigt Abb. 4.14.

Fläche zwischen Kurven

```
using Plots

begin
x=0:0.01pi:2pi
f(x)=sin(x)
g(x)=cos(x)
plot(x,f,fillrange=g,color=:orange)
end
```

Als Bemerkung sei erwähnt, dass mit dem Befehl lediglich die Fläche zwischen den Funktionen dargestellt wird. Die einzelnen Funktionsgraphen müssen separat, z. B. durch eine Überlagerung, hinzugefügt werden.

Eine von Julia erstellte Grafik besteht im Allgemeinen aus mehreren Einzelbestandteilen: Hintergrund, Achsen, Koordinatengitter, Legende, Plot etc. Neben der Möglichkeit, die Farben der tatsächlich dargestellten Funktionen oder Daten zu verändern, besteht zusätzlich

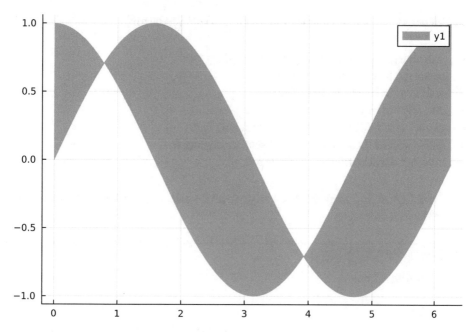

Abb. 4.14 Farbliche Ausfüllung der Fläche zwischen zwei Kurven

auch die Möglichkeit, verschiedenste Farboptionen für die Einzelkomponenten zu wählen. Dabei unterscheidet Julia zwischen dem Hintergrund (engl. *background*) und den Attributen des Vordergrunds (engl. *foreground*) wie z. B. Legende oder Koordinatengitter. Die Vordergrundfarbe wird dabei von Julia automatisch an die Hintergrundfarbe angepasst, d. h., wählt man als Hintergrund z. B. die Farbe Schwarz, so werden für einen besseren Kontrast alle anderen Elemente weiß dargestellt. Die Farben der einzelnen Grafikelemente beruhen auf den beiden Präfix-Kommandos

```
foreground_color
```

für den Vordergrund und

```
background_color
```

für den Hintergrund. Der Hintergrund lässt sich mit den folgenden Zusätzen detailliert verändern:

- _ *outside* legt die Hintergrundfarbe im Außenbereich der Grafik, also um das Koordinatengitter, fest.
- _ *inside* legt die Hintergrundfarbe hinter dem Koordinatengitter fest.
- _ *legend* legt die Füllfarbe der Legende fest.

Der Vordergrund lässt sich mit den folgenden Zusätzen verändern:

- _legend_ legt die Farbe der Legendenumrandung fest.
- _grid_ legt die Farbe des Gitters fest.
- _axis_ legt die Farbe der Ticks fest.
- _text_ legt die Farbe der Tick-Beschriftung fest.
- _border_ legt die Farbe der Achsenumrandung fest.
- _guide_ legt die Schriftfarbe der Achsenbezeichnung fest.
- _title_ legt die Schriftfarbe des Titels fest.

Die Grafik in Abb. 4.15 implementiert einige dieser Befehle. Der zugehörige Programmcode ist nachfolgend aufgezeigt.

Farboptionen bei Grafiken

```
using Plots

begin
x=0:0.1:1
f(x)=x^2
plot(x,f,background_color_outside=:gray,
foreground_color_text=:white,foreground_color_axis=:red,
foreground_color_border=:orange,
label="Farben")
end
```

Im Rahmen von Oberflächen und Heatmaps werden wir im Abschn. 5.6 noch weitere Möglichkeiten der farblichen Darstellung kennenlernen, die großteils auf Farbverläufen beruhen.

4.10   Darstellungsthemen

Darstellungsthemen sind vorgefertigte Grafik-Themen für erstellte Plots, die im Rahmen des Package _Plots.jl_ erstellt werden, um diese in einem anderen Design zu präsentieren. Dies betrifft die als Standard definierte Linien-, Marker- oder Balkenfarbe, die Hintergrundfarbe und die Darstellung des Koordinatengitters sowie den Farbverlauf bei Oberflächen. Das Package, das die Darstellungsthemen beinhaltet, heißt _PlotThemes.jl_ und muss wie gewohnt (vgl. Abschn. 1.3) zuerst installiert werden. Allerdings muss es im Gegensatz zu anderen Packages innerhalb der Pluto-Oberfläche nicht nochmals explizit geladen werden.

Mithilfe des Befehls

```
theme(Themenname)
```

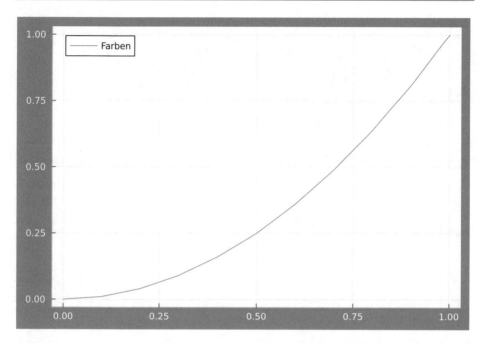

Abb. 4.15 Verschiedene Farboptionen einer Grafik

wird das jeweilige Thema geladen und auf alle Grafiken angewendet. Es stehen verschiedenste Darstellungsthemen zur Verfügung. Die nachfolgende Aufzählung gibt die
gängigsten Themen an:

- *:dark*
- *:ggplot2*
- *:juno*
- *:lime*
- *:orange*
- *:sand*
- *:solarized*
- *:dracula*

- *:solarized_ light*
- *:wong*
- *:wong2*
- *:gruvbox_ dark*
- *:gruvbox_ light*
- *:bright*
- *:vibrant*
- *:mute*

Der nachfolgende Programmcode erzeugt beispielhaft einen Linien-Plot im Darstellungsthema *:wong2*. Die zugehörige Grafik zeigt Abb. 4.16.

Verwenden eines Darstellungsthemas

```
using Plots

theme(:wong2)
```

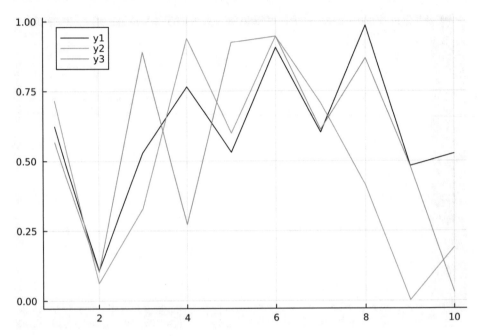

Abb. 4.16 Plot im Darstellungsthema *:wong2*

```
begin
x=rand(10,3)
plot(x)
end
```

Übungsaufgaben

4.6 Themenvorschau Hat man das Package *Plots.jl* geladen, so besteht für alle Themen die Möglichkeit, separat eine Vorschau des Designs zu erzeugen. Dies geschieht über den Befehl

```
showtheme(Themenname)
```

Probieren Sie diesen Befehl für verschiedene Themen aus.

4.7 Grafik mit Darstellungsthema *:vibrant* In einer Firma werden 10 verschiedene Gegenstände G1-G10 von zwei unterschiedlichen Maschinen M1 und M2 hergestellt. Die nachfolgende Tabelle gibt an, wie viele Gegenstände von der jeweiligen Maschine erzeugt werden.
Stellen Sie die beiden Produktionszahlen als Säulendiagramme in einer gemeinsamen Grafik dar. Verwenden Sie als Darstellungsthema *:vibrant*.

	G1	G2	G3	G4	G5	G6	G7	G8	G9	G10
M1	2	5	1	4	3	2	0	0	0	0
M2	0	0	0	0	0	1	2	5	4	5

4.11   Layouts von Grafiken I – Raster

In einigen Beispielen haben wir bereits gesehen, dass man mehrere einzelne Plots in einer gemeinsamen Grafik in Form eines Rasters anordnen kann. Man bezeichnet dies auch als *Layout* einer Grafik. Im Folgenden werden wir die gängigsten Layout-Optionen, die man für Grafiken verwenden kann, darstellen. Anschließend werden wir noch betrachten, wie man sogenannte *Subplots* erzeugen kann, d. h. Grafiken, in denen kleine Grafiken, z. B. eine Vergößerungsansicht eines speziellen Kurvenabschnitts, dargestellt werden.

Der Standardbefehl für die Anordnung von Grafiken in vordefinierten Rastern lautet

```
layout=n
```

wobei *n* die Anzahl der Rasterplätze beschreibt. Haben wir z. B. vier einzelne Plots (p1,p2,p3,p4), so ordnet Julia diese mit dem zugehörigen Befehl automatisch in Form einer 2×2-Matrix an, wie in Abb. 4.17 dargestellt.

Standard Layout

```
using Plots

begin
p1=plot(rand(100),label="Graph 1")
p2=plot(rand(100),label="Graph 2")
p3=plot(rand(50),label="Graph 3")
p4=plot(rand(50),label="Graph 4")
plot(p1,p2,p3,p4,layout=4)
end
```
◄

Die Zahl *n* im Attribut *layout=4* legt automatisch die Anzahl der zur Verfügung stehenden Plätze fest. Man kann also nie mehr als *n* Grafiken auf die *n* Plätze verteilen.

Mit dem Standardbefehl *layout=n* gibt Julia automatisch die Form des Rasters vor. Man kann sich allerdings auch eigene Rasterformen mit entsprechenden Höhen und Breiten der einzelnen Grafiken definieren. Das entsprechende Attribut hierfür lautet

```
layout=grid(n,m, heights=[h1,h2,...,hn],widths=[w1,w2,...,wm])
```

Der Befehl erzeugt ein $n \times m$-Raster mit den einzelnen Zeilenhöhen *h1,h2,...,hn* und Spaltenbreiten *w1,w2,...,wm*. Hierbei ist wichtig zu bemerken, dass die Werte für die Höhen und

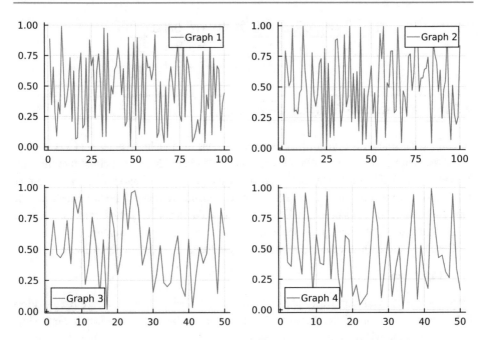

Abb. 4.17 Anordnung von vier Plots mit dem Attribut *layout=4* in einem 2×2-Raster

die Breiten immer Anteile von insgesamt $100\,\%$ entsprechen, d. h., im Idealfall muss gelten

$$h1 + h2 + h3 + \ldots + hn = 1$$

und

$$w1 + w2 + w3 + \ldots + wm = 1.$$

Die Summen dürfen den Wert Eins nie überschreiten, da es sonst zu Darstellungsproblemen kommt. Ergibt die Summe einen Wert kleiner als eins, so werden die Zwischenräume in der Grafik automatisch äquidistant aufgefüllt.

Als Beispiel hierfür möchten wir sechs Grafiken in Form eines 2×3-Rasters anordnen, wobei die Höhe der ersten Rasterzeile doppelt so groß sein soll wie die der zweiten Zeile. Weiter soll die rechte Spalte $50\,\%$ einnehmen, die mittlere $20\,\%$ und die rechte $30\,\%$.

Raster-Layout mit Breite und Höhe

```
using Plots

begin
p1=plot(rand(100),label="Graph 1")
```

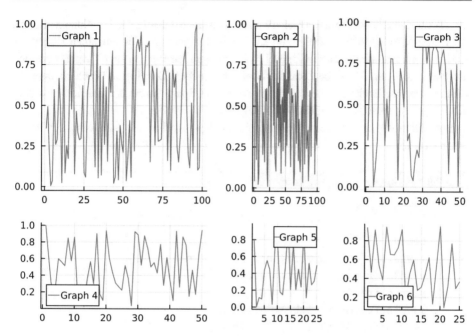

Abb. 4.18 Raster-Layout mit fest definierter relativer Spaltenbreite und Zeilenhöhe

```
p2=plot(rand(100),label="Graph 2")
p3=plot(rand(50),label="Graph 3")
p4=plot(rand(50),label="Graph 4")
p5=plot(rand(25),label="Graph 5")
p6=plot(rand(25),label="Graph 6")
plot(p1,p2,p3,p4,p5,p6,layout=grid(2,3,
heights=[2/3, 1/3],widths=[0.5, 0.2, 0.3]))
end
```

Der Programmcode liefert die in Abb. 4.18 dargestellte Grafik.

Die bisherigen Layout-Typen basierten alle auf einer vorgegebenen Zeilen- und Spalten-
anzahl. Es besteht allerdings auch die Möglichkeit, sich ein vollkommen eigenes Layout,
das auf der Darstellung einer Matrix basiert, zu definieren. Das zugehörige Attribut lautet

```
layout=@layout[]
```

Innerhalb der eckigen Klammern *[.]* baut man sich nun die gewünschte Darstellung in Form
eine Matrix

$$\begin{pmatrix} a & b \\ c & d \end{pmatrix} = [a\{0.3\,h, 0.2w\}\ b\ ;\ c\ d]$$

mit zugehörigen Platzhaltern (typischerweise Buchstaben) zusammen. Die einzelnen Zeilen der Raster-Matrix werden dabei durch ein Semikolon getrennt. Die einzelnen Höhen und Breiten werden nun individuell mit geschweiften Klammern und den zugehörigen Argumenten, hier z. B. $\{0.3h, 0.2w\}$ für Höhe und Breite, angegeben. Dabei ist zu beachten, dass eine Höhe sowie eine Breite für die komplette Zeile bzw. Spalte im Raster übernommen wird, d. h., es genügt diese lediglich ein Mal anzugeben.

Betrachten wir zum besseren Verständnis für diese Attribut die nachfolgenden beiden Beispielcodes.

Eigenes Layout basierend auf Matrix 1

```
using Plots

begin
l=@layout[a{0.3w,0.2h} b{0.2w} _ ; d e f{0.3w}]
p1=plot(rand(50),label="Graph 1")
p2=plot(rand(25),label="Graph 2")
p3=plot(rand(25),label="Graph 3")
p4=plot(rand(25),label="Graph 4")
p5=plot(rand(25),label="Graph 5")
plot(p1,p2,p3,p4,p5,layout=l)
end
```

Wie in Abb. 4.19 zu sehen, erzeugen wir wiederum ein 2×3-Raster, allerdings sind die Breiten und Höhen der einzelnen Rasterteile nun variabel angepasst. Weiter erkennen wir an diesem Beispiel, dass wir durch einen Unterstrich _ ein freies Feld erzeugen können.

Eigenes Layout basierend auf Matrix 2

```
using Plots

begin
l=@layout[a{0.4w} [grid(2,2)]]
p1=plot(rand(50),label="Graph 1")
p2=plot(rand(25),label="Graph 2")
p3=plot(rand(25),label="Graph 3")
p4=plot(rand(25),label="Graph 4")
p5=plot(rand(25),label="Graph 5")
plot(p1,p2,p3,p4,p5,layout=l)
end
```

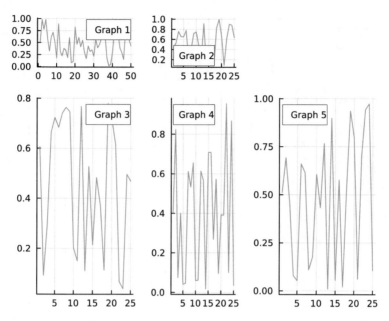

Abb. 4.19 Darstellung mehrerer Plots in einem selbst definierten Raster-Layout 1

Wie in Abb. 4.20 zu sehen, erzeugt der Code effektiv ein großes 1×2-Raster, wobei der rechte Teil nochmals in ein gleichmäßiges 2×2-Raster untergliedert ist.

Übungsaufgaben

4.8 Erstes Layout Schreiben Sie ein Programm, das Ihnen fünf Einzelplots in einer gemeinsamen Grafik wie in Abb. 4.21 erzeugt. Die erste und dritte Zeile soll dabei jeweils 20 % der Gesamthöhe einnehmen. Die erste und dritte Spalte soll dabei jeweils 10 % der Gesamtbreite einnehmen. Es spielt dabei keine Rolle, was in den einzeln Plots dargestellt wird.

4.9 Zweites Layout Beschreiben Sie, welches Layout mit dem Befehl

```
@\layout[a{0.4w} grid[2,1]]
```

generiert wird.

4.12 Layouts von Grafiken II – Subplots und Vergrößerungslinse

Man kann nicht nur ein eigenes Raster für einzelne Grafiken festlegen, sondern auch eine Grafik als verkleinerte Version in eine größere Grafik einbetten. Die Einbettung einer zusätzlichen Grafik, im Folgenden *Tochtergrafik* genannt, bezieht sich immer auf eine bereits

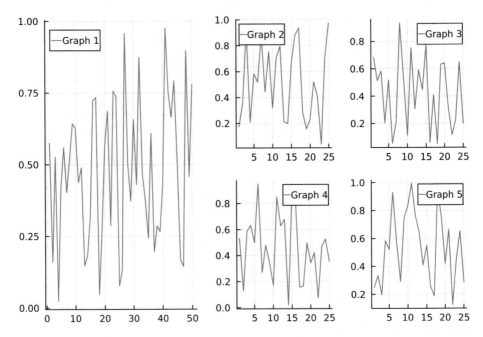

Abb. 4.20 Darstellung mehrerer Plots in einem selbst definierten Raster-Layout 2

vorhandene Grafik, im Folgenden *Muttergrafik* genannt. Hat man bereits eine Muttergrafik erstellt, so kann man mit dem Attribut

```
inset=(Nummer Muttergrafik,bbox(xpos,ypos,xrand,yrand),
subplot=Nummer)
```

die Tochtergrafik innerhalb der Muttergrafik darstellen. Wir erläutern zunächst stichpunktartig die einzelnen Attributbestandteile, bevor wir den Befehl anhand eines konkreten Beispiels aufzeigen.

- *Nummer Muttergrafik* bezieht sich auf diejenige Muttergrafik innerhalb eines Rasters, in die die Tochtergrafik eingefügt werden soll.
- *xpos* beschreibt den prozentualen x-Abstand der linken oberen Ecke der Tochtergrafik vom rechten Rand innerhalb der Muttergrafik.
- *ypos* beschreibt den prozentualen y-Abstand der linken oberen Ecke der Tochtergrafik vom oberen Rand innerhalb der Muttergrafik.
- *xrand* beschreibt die prozentuale x-Breite der Tochtergrafik innerhalb der Muttergrafik.
- *yrand* beschreibt die prozentuale y-Höhe der Tochtergrafik innerhalb der Muttergrafik.
- *subplot=Nummer* nummeriert alle Tochtergrafiken durch. Wichtig ist hierbei, dass die Muttergrafiken in der Nummerierung mitzählen, d. h., sind n Muttergrafiken gegeben, so müssen wir bei den Tochtergrafiken bei $n + 1$ mit der Nummerierung beginnen.

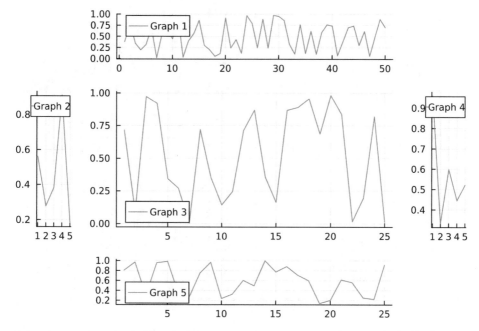

Abb. 4.21 Grafik im Kreuz-Layout

Betrachten wir nun ein einfaches Beispiel. Unsere Muttergrafik soll aus vier einzelnen Plots bestehen, die in einem 2×2-Raster angeordnet sind. Wie wir bereits aus Abschn. 4.11 wissen, werden die einzelnen Plots nacheinander auf die zugehörigen Rasterpositionen 1–4 verteilt. Dies entspricht der Nummer der jeweiligen Muttergrafik. Innerhalb der Muttergrafik mit Position 2 und 3 wollen wir nun zusätzlich weitere Tochtergrafiken in Form eines *scatter*-Plots einfügen.

Einbetten von Grafiken

```
using Plots

begin
plot(rand(50,4),layout=grid(2,2)) #erzeugt
  4 Muttergrafiken im Raster
scatter!(rand(10),inset=(2,bbox(0.6,0.1,0.4,0.4)),
subplot=5,legend=false) #erzeugt erste Einbettung
scatter!(rand(5),inset=(3,bbox(0.5,0.5,0.4,0.4)),
subplot=6,legend=false) #erzeugt zweite Einbettung
end
```

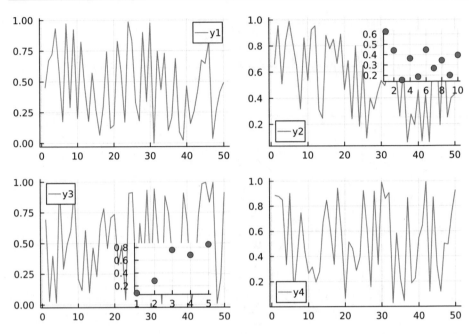

Abb. 4.22 Einbettung von zwei Tochtergrafiken in eine Muttergrafik basierend auf einen 2×2-Raster

Der Code erzeugt die in Abb. 4.22 dargestellte Grafik.

Wie üblich könnte man mit zusätzlichen Attributen die Darstellung der Tochtergrafiken, z. B. Markerfarbe, Koordinatengitterdarstellung etc., verändern.

Ein weiteres wichtiges Tool, um Daten innerhalb Grafiken aussagekräftig darzustellen, ist die sogenannte *Lupenfunktion*. Wie der Name schon sagt, erzeugt die Lupenfunktion automatisch eine Tochtergrafik innerhalb einer Muttergrafik, in der ein zuvor definierter Bereich $[xmin, xmax] \times [ymin, ymax]$ der Muttergrafik vergrößert dargestellt wird. Der zugehörige Befehl für die Lupenfunktion ist ähnlich zur Erstellung von Tochtergrafiken und lautet

```
lens!([xmin,xmax],[ymin,ymax], inset=(Nummer
Muttergrafik,bbox(xpos,ypos,xrand,yrand))
```

Nachdem die Lupenfunktion automatisch eine Vergrößerungsbox erstellt, können durch zusätzliche Attribute z. B. die Linienfarbe, die Liniendarstellung oder die Koordinatengitterattribute verändert werden. Betrachten wir als Beispiel hierfür den nachfolgenden Programmcode, mit dem wir zwei Lupenfunktionen erzeugen und deren Darstellungsattribute jeweils verändern. Die zugehörige Grafik ist in Abb. 4.23 zu sehen.

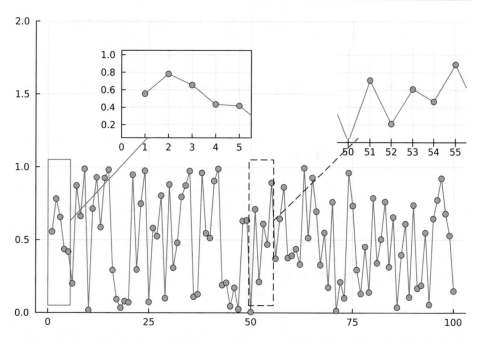

Abb. 4.23 Verwenden der Lupenfunktion, um einen ausgewählten Darstellungsbereich einer Muttergrafik vergrößert darzustellen

---

Lupenfunktion

```
using Plots

begin
x=rand(100)
  plot(x,ylims=(0,2))
  scatter!(x,color=:orange,legend=false)
  lens!([49.5,55.5],[0.05,1.05],inset=(1,bbox(0.7,0.1,0.3,0.3)),
  linecolor=:black,linestyle=:dash,framestyle=:origin)
  lens!([0,5.5],[0.05,1.05],inset=(1,bbox(0.2,0.1,0.3,0.3)),
  linecolor=:gray50,framestyle=:box)
end
```

Übungsaufgabe

4.10 Bank Zinsen Betrachten Sie die nachfolgende Wertetabelle von Zinssätzen von fünf (frei erfundenen) Banken:

Bank	Autobank	Sparbank	Seebank	Häuslebank	Financial Bank
Zins in %	1,9	1,7	1,8	1,75	1,91

Stellen dies diese Daten als Säulendiagramm dar. Verwenden Sie zusätzlich die Lupenfunktion, um den Wertebereich zwischen 1,69 % und 1,92 % vergrößert darzustellen.

4.13   Plotten mit Schleifen

Schleifen sind ein nützliches Hilfsmittel, um Prozesse, die sich systematisch wiederholen, kompakt beschreiben zu können. Auch beim Erstellen von Grafiken können Schleifen gewinnbringend eingesetzt werden, um den Arbeitsaufwand zu verringern. Im Folgenden werden wir auf drei Möglichkeiten eingehen, wie Schleifen beim Visualisieren von Daten verwendet werden können: Darstellung mehrerer Datensätze, die durch Parameter miteinander verknüpft sind, Plots innerhalb einer for- oder while-Schleife sowie Fallunterscheidungen von Funktionen mittels der if-Schleife.

Darstellung mehrerer verknüpfter Datensätze. Es kommt immer wieder vor, dass Datensätze mit einem freien Parameter versehen sind, der variabel eingestellt werden kann und so für die Daten eine unterschiedliche Aussagekraft liefert. Oft möchte man diese Datensätze in einer gemeinsamen Grafik darstellen, um einen guten Überblick über Gemeinsamkeiten und Unterschiede zu erhalten. Dies lässt sich in Julia mittels der for-Schleife umsetzen, wobei der Laufindex die Werte des Parameters annimmt.

Betrachten wir hierzu ein einfaches Beispiel, nämlich einen Ball, der vom Ursprung aus mit einer konstanten Anfangsgeschwindigkeit von $2\frac{m}{s}$ unter einem Winkel α abgeschossen wird. Die zugehörigen Bahnkurven entsprechen Parabeln der Form

$$y(x) = -\frac{9{,}81}{8\cos^2(\alpha)} \cdot x^2 + \tan(\alpha) \cdot x,$$

wobei wir hier auf die physikalischen Einheiten verzichten.

Wir möchten nun alle Bahnkurven, die zu den vier Winkeln $\alpha \in \{0{,}3;\ 0{,}6;\ 0{,}9;\ 1{,}2\}$ gehören, in einer gemeinsamen Grafik darstellen. Natürlich könnten wir einfach vier Einzelgrafiken programmieren und diese dann zu einer Grafik überlagern. Hier wenden wir allerdings die for-Schleife an, um diese Einzelarbeiten zu bündeln. Wir geben hier zunächst den passenden Programmcode an und erläutern diesen anschließend.

Bündeln von Grafiken mit der for-Schleife

```
using Plots


begin
p=plot()
```

```
for a in [0.3 , 0.6 , 0.9 , 1.2]
f(x)=-9.81/(8*cos(a)^2)*x^2+tan(a)*x #definiert die
  Bahnkurven
plot!(0:0.01:0.5,f,label="$a")
end plot(p)
end
```

Die zugehörige erzeugte Grafik ist in Abb. 4.24 dargestellt.

Erläuterungen zum Programmcode:

- Der Befehl *p=plot()* vor der for-Schleife erzeugt zunächst einen leeren Plot, auf dem das Programm im Folgenden dann aufbaut. Wir müssen diesen Plot mit einem Namen, hier *p*, versehen, um am Ende wieder auf den Gesamtplot mit *plot(p)* zugreifen zu können.
- Die for-Schleife läuft alle Winkelwerte ab. Innerhalb der for-Schleife definieren wir die Funktion in Abhängigkeit von *x* und dem Parameter *a*, der hier zu den Winkelwerten korrespondiert.
- Mit dem Befehl *plot!()* erzeugen wir dann die Grafik für ein festes *a*. Durch die Überlagerung werden beim Ausführen der for-Schleife alle Einzelgrafiken in einer Gesamtgrafik erzeugt.

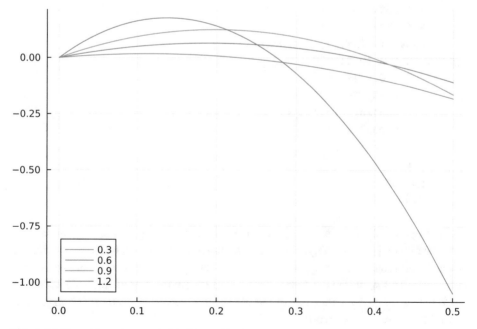

Abb. 4.24 Darstellung der unterschiedlichen Flugkurven, die mittels einer for-Schleife erzeugt wurden

- Durch *plot(p)* erzeugen wir anschließend die tatsächliche Grafik, in der die for-Schleife komplett ausgeführt wurde.

Plots innerhalb von Schleifen. In diesem Abschnitt wollen wir explizit betrachten, wie man Plot-Befehle innerhalb unterschiedlicher Schleifen einbindet. Dies geschieht großteils analog zur Darstellung von Datensätzen mit Parametern. Hier wollen wir allerdings noch zusätzliche Anwendungsmöglichkeiten beispielhaft aufzeigen.

Als Beispiel betrachten wir eine sogenannte *Iterationsvorschrift* für aufeinanderfolgende x- und y-Koordinaten eines Systems

$$x_{n+1} = 0,2x_n + 1,8y_n$$
$$y_{n+1} = -0,1x_n + 0,5y_n$$

mit $x_0 = 1$ und $y_0 = 2$. Mithilfe einer for-Schleife möchten wir nun die Punkte $(x_n|y_n)$ in einer gemeinsamen Grafik für 20 Iterationsschritte darstellen.

Iteration mit for-Schleife

```
using Plots

begin
x=1 #Startwert x
y=2 #Startwert y
p=scatter((x,y),legend=false)
  for n in 1:1:20
    a=0.2x+1.8y
    b=-0.1x+0.5y
    scatter!((a,b))
    global x=a
    global y=b
  end
plot(p)
end
```

Die erzeugte Grafik ist in Abb. 4.25 zu sehen. Hier haben wir gleich zu Beginn das erste Wertepaar im Plot $p=scatter(x,y)$ eingebaut. Der Rest entspricht einer typischen for-Schleife um die Iteration auszuführen, wobei innerhalb der Schleife wiederum die Überlagerung mithilfe des Befehls *scatter!()* geschalten wird. Innerhalb der for-Schleife mussten wir hierbei die Variablen als *global* definieren, da auf die zugehörigen neuen Werte in jedem erneuten Schritt wieder zugegriffen wird.

Ein analoges vorgehen kann auch in den anderen Schleifen, z. B. der while-Schleife, angewendet werden. Wichtig hierbei ist wiederum, dass vor der Schleife zunächst eine

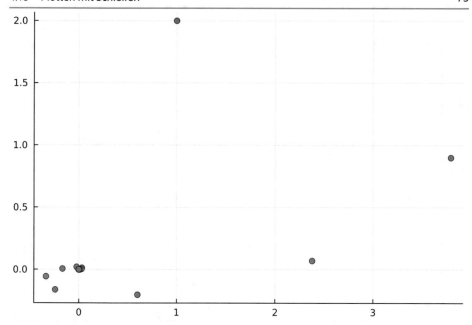

Abb. 4.25 Durch Iterationsvorschrift erzeugt Punkte

Anfangsgrafik z. B. mit $p=plot(\,)$ erzeugt wird und innerhalb der Grafik die weiteren Elemente durch Überlagerung hinzugefügt werden.

Fallunterscheidungen bei Funktionen. Speziell in der Mathematik tritt immer wieder der Fall auf, dass eine Funktion nur stückweise definiert ist, d. h., dass man für bestimmte Bereiche andere Funktionsterme erhält. Diese Fallunterscheidung lässt sich leicht mithilfe einer if-Schleife umsetzen. Dabei wird die darzustellende Funktion zunächst mithilfe der if-Schleife definiert und anschließend wie gewohnt graphisch dargestellt. Betrachten wir hierzu beispielhaft folgende Funktion:

$$f(x) = \begin{cases} 1 & \text{für } x < 0 \\ x^2 + 1 & \text{für } x \geq 0 \end{cases}$$

Für die graphische Darstellung ergibt sich z. B. der folgende Code.

Fallunterscheidung

```
using Plots

begin
function f(x)
if x<0
1
```

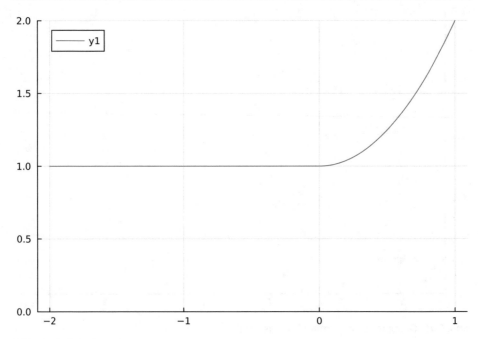

Abb. 4.26 Funktion mit Fallunterscheidung

```
    else
    x^2+1
    end
    end
    plot(-2:0.01:1,f,ylims=(0,2))
    end
```

Wie gewünscht erzeugt der Programmcode die in Abb. 4.26 dargestellte Grafik der stückweise definierten Funktion.

Übungsaufgaben

4.11 Parameterfunktion   Gegeben sei die Funktion

$$f_n(x) = x^n \cdot 0,3^x$$

mit $n \in [1; 2; 4; 5]$. Schreiben Sie ein Programm, das Ihnen mithilfe einer for-Schleife die
einzelnen Funktionsgraphen in einer gemeinsamen Grafik im Bereich $x \in [0; 10]$ erzeugt.

4.12 Newton-Verfahren   Das sogenannte Newton-Verfahren ist eine iterative Methode, um einen Näherungswert für die Nullstellen einer Funktion $f(x)$ zu ermitteln. Die Iterationsvorschrift lautet dabei

$$x_{n+1} = x_n - \frac{f(x_n)}{f'(x_n)}.$$

Hier bezeichnet $f'(x)$ die Ableitung von f. Liegt der Startwert x_0 bereits hinreichend nahe an einer Nullstelle, so nähern sich die größeren x_n immer weiter der Nullstelle an.

Gegeben sei nun die Funktion $f(x) = 0{,}1x^2 - 2$ und folglich $f'(x) = 0{,}2x$. Schreiben Sie ein Programm, das für den Startwert $x_0 = 1$ die Wertepaare $(x_n | f(x_n))$ inklusive des Funktionsgraphen für 10 Iterationsschritte darstellt.

4.13 Fallunterscheidung   Gegeben sei die stückweise definierte Funktion

$$f(x) = \begin{cases} 0 & \text{für } x < 0 \\ \sin(x) & \text{für } 0 \leq x < 3\pi/2 \\ \left(x - \frac{3\pi}{2}\right)^2 - 1 & \text{für } x \geq 3\pi/2 \end{cases}$$

Schreiben Sie ein Programm, das die Funktion im Bereich $x \in [-1; 7]$ graphisch darstellt.

Vektorfelder, 3D-Plots, Oberflächen und Niveaulinien

5

5.1   Darstellen von Vektorfeldern

In diesem gesamten Kapitel verwenden wir wiederum als Basis-Package *Plots.jl,* das zu Beginn jedes Projekts geladen werden muss. Hier wollen wir nun die Darstellung von Vektorfeldern (im $\mathbb{R}^2$) erläutern. Ein Vektorfeld ordnet jedem Punkt im Raum einen Vektor zu, d. h., es entspricht einer Abbildung $v : \mathbb{R}^2 \mapsto \mathbb{R}^2$. Wir haben bereits gesehen, dass man innerhalb der plot-Umgebung einzelne Vektoren (Pfeile) mit dem Befehlszusatz *arrow=true* (vgl. Abschn. 4.8) darstellen kann. Für die konkrete Anwendung ist es allerdings unpraktisch, eine große Anzahl von Vektoren per Hand darzustellen. Julia-Plots bietet hierfür den etwas länglichen Befehl

```
quiver(xStartwert,yStartwert,quiver=(xRichtung,yRichtung))
```

wobei *xStartwert* und *yStartwert* die Startkoordinaten und *xRichtung* sowie *yRichtung* die entsprechenden Richtungsangaben des Pfeiles darstellen. Betrachten wir als erstes Beispiel drei konkrete Vektoren im Raum.

Ergänzende Information   Die elektronische Version dieses Kapitels enthält Zusatzmaterial, auf das über folgenden Link zugegriffen werden kann
https://doi.org/10.1007/978-3-662-68155-8_5.

© Der/die Autor(en), exklusiv lizenziert an Springer-Verlag GmbH, DE, ein Teil von Springer Nature 2024
D. Jaud, *Datenvisualisierungen mit Julia,*
https://doi.org/10.1007/978-3-662-68155-8_5

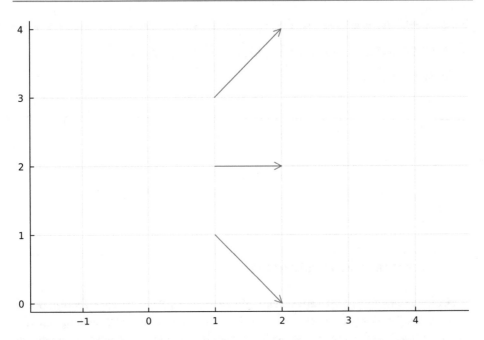

Abb. 5.1 Darstellung eines einfachen Vektorfeldes bestehend aus drei konkreten Vektoren

---

Vektorfeld konkreter Vektoren

```
using Plots

begin
quiver([1,1,1],[1,2,3],quiver=([1,1,1],[-1,0,1]),ratio=1)
end
```

◄

Das zugehörige erzeugte Vektorfeld ist in Abb. 5.1 dargestellt.

Betrachten wir als Nächstes ein Vektorfeld, das durch die Abbildungsvorschrift

$$v : (x, y) \mapsto \frac{1}{10 \cdot \sqrt{x^2 + y^2}} \begin{pmatrix} x \\ y \end{pmatrix}$$

beschrieben wird. Ein solches Vektorfeld wird auch als *Zentralfeld* bezeichnet. Im nachfolgenden Programmcode verwenden wir eine for-Schleife, um aus einem vorgegebenen Intervallbereich für die x- und y-Koordinaten entsprechende Vektoren zu erzeugen.

Vektorfeld (Zentralfeld)

```
using Plots

begin
rx = -1:0.2:1
ry = -1:0.2:1
    #legt Wertebereiche fest

v(x, y) = [x,y]./(10*sqrt.(x.^2+y.^2))
    #definiert Richtungsvektor als Funktion

kx = [x for x in rx for y in ry]
ky = [y for x in rx for y in ry]
    #Durchläuft alle Aufpunkte für x- und y-Richtung

quiver(kx, ky, quiver=(v))
end
```

◀

Das erzeugte Vektorfeld ist in Abb. 5.2 dargestellt. Im Codebeispiel haben wir eine vektorwertige Funktion $v(x, y)$ definieren müssen, die mit den Anfangskoordinaten kx und ky über die for-Schleifen verbunden ist. Dies garantiert uns, dass an jedem Punkt (x, y) auch der zugehörige Richtungsvektor berechnet wird.

Wie bei Pfeildarstellungen üblich, kann über das Attribut *line=Zahl* die Pfeildicke verändert werden. Ebenso können unterschiedliche Farben mit dem Attribut *color=:Farbe* verwendet werden. Eine Darstellung in drei Dimensionen erfolgt einfach durch Hinzufügen einer weiteren Komponente im quiver-Befehl. Hierbei sollte man jedoch darauf achten, die einzelnen Pfeile der Übersichtlichkeit halber nicht zu dicht aneinander zu legen.

Übungsaufgaben

5.1 Diskretes Vektorfeld Schreiben Sie ein Programm, das die drei Vektoren $\mathbf{a} = (1, 1)$, $\mathbf{b} = (-1, 1)$ und $\mathbf{c} = (0, -1)$ alle vom Ursprung ausgehend skizziert.

5.2 Wirbelfeld Ein sogenanntes Wirbelfeld ist ein Vektorfeld der Form

$$v : (x, y) \mapsto \frac{1}{5 \cdot \sqrt{x^2 + y^2}} \begin{pmatrix} y \\ -x \end{pmatrix}.$$

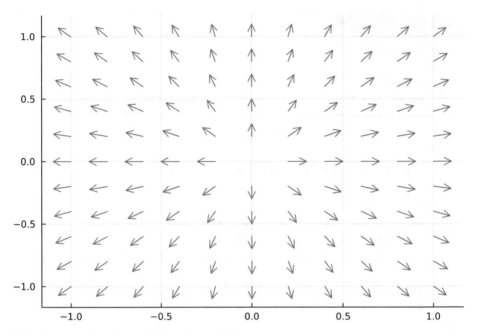

Abb. 5.2 Darstellung eines einfachen Zentralfeldes

Stellen Sie diese Vektorfeld in der Farbe *:blue4* und einer Linienbreite von 0,5 im Definitionsbereich $[-2; 2] \times [-3, 3]$ dar. Verwenden Sie hierbei das Achsenverhältnis *ratio=1*. Die Schrittweite zwischen den Aufpunkten in x- und y-Richtung soll jeweils 0,25 betragen.

5.3 Vektorfeld in 3D Schreiben Sie ein Programm, das Ihnen ein Zentralfeld der Form

$$v : (x, y, z) \mapsto \frac{1}{5 \cdot \sqrt{x^2 + y^2 + z^2}} \begin{pmatrix} x \\ y \\ z \end{pmatrix}$$

generiert.

5.2   Parametrische Kurven im $\mathbb{R}^2$ und $\mathbb{R}^3$

Parametrische Kurven sind Abbildungen in zwei oder drei Dimensionen gemäß $c : \mathbb{R} \mapsto \mathbb{R}^2$ oder $c : \mathbb{R} \mapsto \mathbb{R}^3$. Unabhängig von der betrachteten Dimension sind die Koordinaten x, y (und z) selbst Funktionen eines *Parameters t*, also $(x(t), y(t), z(t))$.

    In Julia-Plots empfiehlt es sich für die Darstellung solcher parametrischen Kurven die vektorisierte Darstellung zu verwenden, indem man zunächst eine vektorielle Variable t

erstellt und anschließend die vektorisierten Funktionen für x, y und z in Abhängigkeit von t definiert. Der Befehl für die parametrische Kurve lautet dann einfach

```
plot(x,y)
```

in 2D oder

```
plot(x,y,z)
```

in 3D. Betrachten wir hierzu als Beispiel eine Spiralkurve in 3D, die durch die Abbildung

$$c : t \mapsto \begin{pmatrix} x(t) \\ y(t) \\ z(z) \end{pmatrix} = \begin{pmatrix} \cos(t) \\ \sin(t) \\ 0{,}5t \end{pmatrix}$$

mit $t \in [0; 4\pi]$ definiert ist (für eine graphische Darstellung siehe Abb. 5.3).

Parametrische Kurve in 3D

```
using Plots

begin
t=range(0,4pi,length=100)
x=cos.(t)
y=sin.(t)
z=0.5 .*t
plot(x,y,z,label="Spiralkurve")
end
```

◄

Analog zur Erstellung von einfachen Funktionsgraphen lassen sich mit denselben Attributen Farbe, Linienbreite oder Linientyp der Kurve verändern. Ebenso können wie gewohnt die Achsenbeschriftungen mit *xlabel="."*, *ylabel="."* oder *zlabel="."* sowie die Ticks der x-, y- und z-Achse mit *xticks=a:d:b*, *yticks=a:d:b* und *zticks=a:d:b* verändert werden.

Bei parametrischen Kurven in 3D wird die Ansicht automatisch von Julia festgelegt. Wir werden im Abschn. 5.5 noch genauer darauf eingehen, wie man diese Ansicht gemäß den eigenen Wünschen verändern kann. Neben der Darstellung als verbundene Linien kann man ebenso die Befehle

```
scatter(x,y)
```

oder

```
scatter(x,y,z)
```

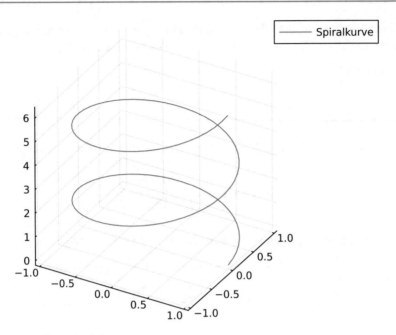

Abb. 5.3 Darstellung der Spiralkurve

verwenden, um eine Folge von Punkten im zwei- oder dreidimensionalen Raum zu generieren.

Hinweis: Funktionen einer Variable sind eine spezielle Form parametrischer Kurven, die einfach durch den Befehl *plot(t,y)* generiert werden können.

Übungsaufgaben

5.4 Knotenkurve und Projektion Eine *Knotenkurve* in 3D wird durch die parametrische Kurve

$$c : t \mapsto \begin{pmatrix} x(t) \\ y(t) \\ z(z) \end{pmatrix} = \begin{pmatrix} \cos(2t) \\ \sin(3t) \\ \cos(t) \end{pmatrix}$$

mit $t \in [0; 2\pi]$ beschrieben.

a) Schreiben Sie ein Programm, das diese Kurve in der Farbe rot darstellt. Beschriften Sie weiter die Achsen, die Legende sowie den Titel der Abbildung.

b) „Beleuchtet" man die Kurve aus negativer y-Richtung mit einer Lichtquelle, so wird eine zweidimensionale Schattenkurve auf die linke Darstellungsebene $y = 1$ geworfen, die man als *Projektion* bezeichnet. Die projizierte Kurve besitzt die parametrische Darstellung

$$c_{proj} : t \mapsto \begin{pmatrix} x(t) \\ y(t) \\ z(z) \end{pmatrix} = \begin{pmatrix} \cos(2t) \\ -1 \\ cos(t) \end{pmatrix}$$

mit $t \in [0; 2\pi]$. Fügen Sie diese projizierte Kurve in Ihre ursprüngliche Abbildung ein. Wählen Sie hierfür die Farbe grau sowie den Linientyp *:dash.*

5.5 Logarithmische Spirale   Die sogenannte *Logarithmische Spirale* ist eine zweidimensionale parametrische Kurve der Form

$$c : t \mapsto \begin{pmatrix} x(t) \\ y(t) \end{pmatrix} = \begin{pmatrix} \exp(0, 2 \cdot t) \cdot \cos(t) \\ \exp(0, 2 \cdot t) \cdot \sin(t) \end{pmatrix}$$

mit $t \in [0; 18]$. Schreiben Sie ein Programm, das diese Kurve graphisch mit dem Achsenverhältnis *ratio=1* darstellt.

5.6 Herzkurve   Eine sogenannte *Kardioide* ist eine zweidimensionale parametrische Kurve der Form

$$c : t \mapsto \begin{pmatrix} x(t) \\ y(t) \end{pmatrix} = \begin{pmatrix} 2 \cdot (1 - \cos(t)) \cdot \sin(t) \\ 2 \cdot (1 - \cos(t)) \cdot \cos(t) \end{pmatrix}$$

mit $t \in [0; 2\pi]$. Schreiben Sie ein Programm, das diese Kurve graphisch darstellt.

5.3   Darstellen von Oberflächen

Neben parametrischen Kurven im $\mathbb{R}^3$ spielen auch Oberflächen eine wesentliche Rolle. Dabei entspricht eine Oberfläche im Allgemeinen einer Abbildung $f : \mathbb{R}^2 \mapsto \mathbb{R}$, d. h. mit zwei Variablen als Input, die auf einen Wert als Output abgebildet werden. Wie schon aus der Abbildungsvorschrift ersichtlich, sind die einfachsten möglichen Oberflächen solche, deren drei Raumkoordinaten (x, y, z) durch $(x, y, f(x, y))$ beschrieben werden können. Für solche einfachen Oberflächen müssen wir im Programm zunächst eine Funktion zweier Variablen definieren, die wir dann darstellen möchten. Betrachten wir hierzu die Beispieloberfläche, die durch die Abbildung $f : [0; 1] \times [-1; 1] \mapsto x^2 \cdot \exp(-y^2)$ definiert ist.

In Pluto lässt sich diese Oberfläche nun mit dem Befehl

```
surface()
```

erzeugen.

Einfache Oberfläche

```
using Plots

begin
x=0:0.02:1 #x-Bereich
y=-1:0.02:1  #y-Bereich
function f(x,y)
x^2*exp(-y^2)
end

surface(x,y,f,xlabel="x",ylabel="y",zlabel="z")
end
```

◀

Als Darstellung erhalten wir die Grafik in Abb. 5.4.

Oberflächen werden in der Standardeinstellung immer mit einem Farbverlauf dargestellt, wobei höher gelegene z-Werte einer helleren Farbe entsprechen. Eine entsprechende Höhe-Farbe-Säule wird zusätzlich auf der rechten Seite des Plots generiert. Diese Höhe-Farbe-Säule lässt sich mit dem Befehlszusatz *colorbar=false* deaktivieren. Auch ist es möglich, neben der glatten Oberfläche ein sogenanntes Oberflächengitter zu erzeugen. Dafür wird der Befehl *surface()* durch

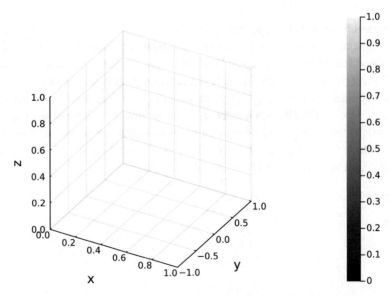

Abb. 5.4 Darstellung der durch die Funktion $f(x, y) = x^2 \cdot \exp(-y^2)$ beschriebenen Oberfläche

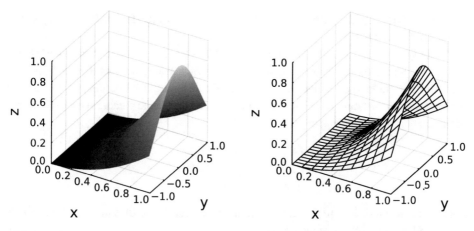

Abb. 5.5 Darstellung der Oberfläche ohne Farbe-Höhe-Säule und als Gitterfläche

```
wireframe()
```

ersetzt. Die Abb. 5.5 stellt die genannten Varianten dar, die im nachfolgenden Code nochmals implementiert werden.

Oberfläche ohne Höhe-Farbe-Säule und Gitterfläche

```
using Plots

begin
x=0:0.1:1 #x-Bereich
y=-1:0.1:1 #y-Bereich

function f(x,y)
x^2*exp(-y^2)
end

p1=surface(x,y,f,xlabel="x",ylabel="y",zlabel="z",
    colorbar=false)
p2=wireframe(x,y,f,xlabel="x",ylabel="y",zlabel="z",
    colorbar=false)
plot(p1,p2)
end
```

◄

Sämtliche Attribute wie z. B. Achsenbeschriftung, Position und Abstände der Ticks sowie Attribute von Titel oder Legende werden analog wie im zweidimensionalen Plot eingestellt.

Eine Besonderheit bildet allerdings der Farbverlauf. Farbverläufe werden wir separat in Abschn. 5.6 behandeln.

Neben Oberflächen, deren z-Koordinate z. B. durch einen konkreten Ausdruck der Form $z = f(x, y)$ gegeben ist, lassen sich auch parametrisch definierte Oberflächen darstellen. Der Trick besteht hierbei in einer implizierten Vektorisierung der Koordinaten. Betrachten wir dazu als Beispiel eine Kugel vom Radius 1, deren Oberfläche parametrisch in Kugelkoordinaten definiert werden kann zu

$$\begin{pmatrix} x \\ y \\ z \end{pmatrix} = \begin{pmatrix} \cos(\varphi) \cdot \sin(\vartheta) \\ \sin(\varphi) \cdot \sin(\vartheta) \\ \cos(\vartheta) \end{pmatrix}$$

mit $\varphi \in [0; 2\pi]$ und $\vartheta \in [0; \pi]$. Im Programmcode können wir dies in Julia-Plots mittels for-Schleifen wie folgt implementieren:

Parametrische Oberfläche – Kugel

```
using Plots

begin

X(theta,phi) = sin(theta) * sin(phi)
Y(theta,phi) = sin(theta) * cos(phi)
Z(theta,phi) = cos(theta)
#definiert Koordinaten

thetas = range(0, 2pi,   length=50)
phis   = range(0, pi, length=25)

xs = [X(theta, phi) for theta in thetas, phi in phis]
ys = [Y(theta, phi) for theta in thetas, phi in phis]
zs = [Z(theta, phi) for theta in thetas, phi in phis]
#erzeugt Vektoren

surface(xs, ys, zs)
end
```

◄

Hierbei gilt zu beachten, dass wir erst künstlich neue Vektoren xs, ys und zs generieren müssen, die alle dieselbe Dimension aufweisen müssen (daher ist in zs auch eine phis-Schleife, obwohl z eigentlich nicht von phi abhängt). Der Programmcode erzeugt uns letztlich die in

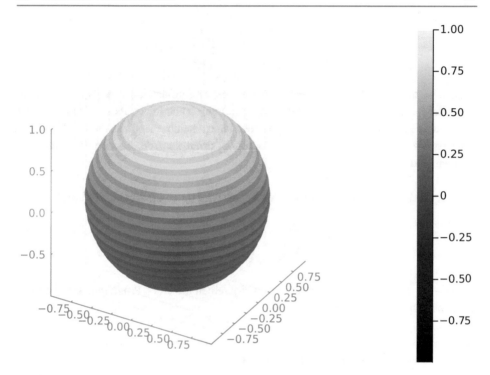

Abb. 5.6 Darstellung der parametrisch definierten Kugeloberfläche

Abb. 5.6 dargestellte Kugeloberfläche.

Übungsaufgaben

5.7 Zweidimensionale Welle Die Oberfläche einer idealen zweidimensionalen Welle lässt sich durch die Funktion $f(x, y) = \cos(0{,}5 \cdot x) \cdot \sin(0{,}25 \cdot y)$ beschreiben. Schreiben Sie ein Programm, das $f(x, y)$ für $x \in [0; 4\pi]$ und $y \in [0; 6\pi]$ in einem geeigneten Koordinatensystem darstellt. Beschriften Sie die Achsen mit den entsprechenden Größen und beschriften Sie den Plot mit einem Titel.

5.8 Schnitt von Ebenen Zwei planare Ebenen E_1 und E_2, die sich entlang einer Geraden g im Raum schneiden, werden durch die beiden Gleichungen

$$E_1 : x + y - z = 2,$$

$$E_2 : 3x - y + z = 0$$

beschrieben. Die Schnittgerade erfüllt die parametrische Gleichung

$$g : \begin{pmatrix} x \\ y \\ z \end{pmatrix} = \begin{pmatrix} 0,5 \\ 0 \\ -1,5 \end{pmatrix} + t \begin{pmatrix} 0 \\ 1 \\ 1 \end{pmatrix} \quad t \in \mathbb{R}.$$

Stellen Sie die beiden Ebenen in einem gemeinsamen Koordinatensystem dar und fügen Sie anschließend die parametrische Kurve (=Gerade) zusätzlich hinzu. Passen Sie die Farben so an, dass alle drei Objekte gut voneinander unterscheidbar sind. Es empfiehlt sich die Transparenz der zweiten Ebene mit *alpha=Zahl* so anzupassen, dass beide Ebenen gut sichtbar sind.

5.9 Kegelmantel Die Mantelfläche eines Kegels wird durch die parametrische Gleichung

$$\begin{pmatrix} x \\ y \\ z \end{pmatrix} = \begin{pmatrix} r \cdot \cos(\varphi) \\ r \cdot \sin(\varphi) \\ 1 - r \end{pmatrix}$$

mit $\varphi \in [0; 2\pi]$ und $r \in [0; 1]$ beschrieben. Schreiben Sie einen Programm, das die Mantelfläche graphisch darstellt.

5.4   Darstellung von Niveaulinien

In diesem Abschnitt kommen wir nochmals auf Funktionen zweier Variablen zurück, die durch die Abbildungsabschrift $f : \mathbb{R}^2 \mapsto \mathbb{R}$ analog zu zweidimensionalen Oberflächen definiert sind. Sogenannte Niveaulinien, auch Höhenlinien genannt, stellen die Menge aller Punkte $(x, y) \in \mathbb{R}^2$ dar, für die die Gleichung $f(x, y) = c$ mit einer Konstanten $c \in \mathbb{R}$ erfüllt ist. Im Allgemeinen lassen sich diese Punkte als Linien in einem zweidimensionalen Plot (Höhenlinien) darstellen. Betrachten wir hierfür nochmals die Beispielfunktion $f(x, y) = x^2 \cdot \exp(-y^2)$. Der Befehl für die Darstellung mittels Niveaulinien lautet

```
contour()
```

und ist in nachfolgendem Codebeispiel dargestellt.

Niveaulinien

```
using Plots

begin
f(x,y)=x^2*exp(-y^2)
contour(0:0.01:1,-1:0.01:1,f)
end
```

◄

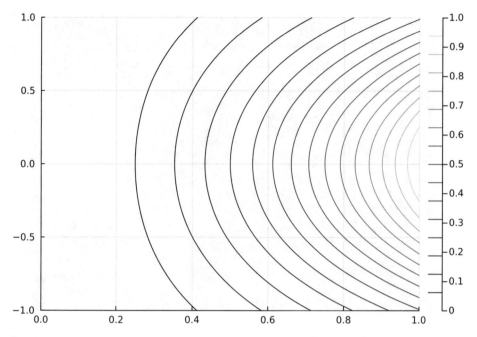

Abb. 5.7 Darstellung der Niveaulinien der Funktion $f(x, y) = x^2 \cdot \exp(-y^2)$

Die Abb. 5.7 zeigt den erstellten Plot. Die Höhenlinien werden im Allgemeinen von dunklen zu hellen Farben dargestellt, wobei dunkle Werte tiefer gelegenen „Höhen", also Funktionswerten $f(x, y) = c$, entsprechen. Eine zusätzliche Farbkodierung wird rechts neben dem Graphen entsprechend einer Legende angezeigt.

Neben der Darstellung durch einzelne Linien kann man durch den Befehl

```
contourf()
```

die Bereiche zwischen den Linien farbig ausfüllen. Man erhält somit eine farbig kodierte Stufenfunktion (siehe Abb. 5.8).

Niveaulinien ausgefüllt

```
using Plots

begin
f(x,y)=x^2*exp(-y^2)
contourf(0:0.01:1,-1:0.01:1,f)
end
```

◄

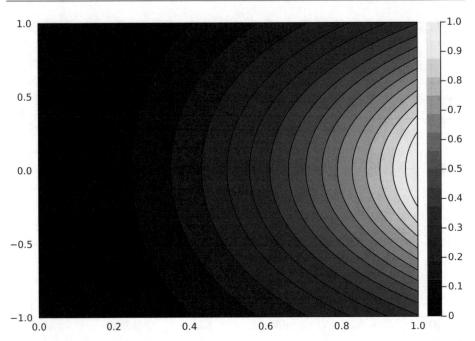

Abb. 5.8 Darstellung der Niveaulinien mit farbiger Ausfüllung der Funktion $f(x, y) = x^2 \cdot \exp(-y^2)$

Im Rahmen der Physik oder der Theorie der gewöhnlichen Differentialgleichungen können Niveaulinien auch verwendet werden, um entsprechende Phasendiagramme zu erstellen.

Für die Darstellung der Höhenlinien stehen verschiedene Attribute zur Verfügung, um die Grafik nach den eigenen Wünschen weiter anzupassen:

- Mit dem Attribut *levels=n* lässt sich die Anzahl n der dargestellten Linien anpassen. Dabei wird der Wertebereich in $n + 1$ äquidistante Werte mit den zugehörigen c-Werten aufgeteilt. Alternativ besteht die Möglichkeit, konkrete Höhenlinien auszuwählen, dies geschieht mit dem Attribut *levels=[c1,c2,c3,...]*, wobei die c_i den Vorgaben der Gleichung $f(x, y) = c_i$ entsprechen.
- Die zugehörige Farblegende kann mit den Attributen *colorbox=false* oder *colorbar=true* wahlweise ausgeblendet oder angezeigt werden.
- Mit dem Attribut *clabels=true,* werden die einzelnen Höhenlinien direkt mit den zugehörigen Funktionswerten beschriftet.
- Mit dem Attribut *color=* können verschiedene Farbschemata für die Darstellung verwendet werden. Neben dem Standardfarbverlauf ist insbesondere *color=:turbo* eine interessante Darstellungsmöglichkeit (Regenbogenfarben). Ist nur eine einzige Farbe, z. B. schwarz, gewünscht, so lautet der Befehl analog der Standardfarbeinstellung *color=:black.*

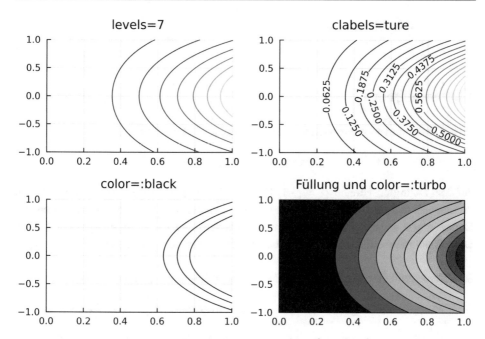

Abb. 5.9 Darstellung der Niveaulinien der Funktion $f(x, y) = x^2 \cdot \exp(-y^2)$ mit Anwendung aller wesentlichen Attribute

- Linienbreite und Linienart lassen sich analog zu gewöhnlichen Plots verändern.

Der nachfolgende Programmcode implementiert die wichtigsten oben vorgestellten Attribute (siehe Abb. 5.9) sowohl für die gewöhnlichen Niveaulinien als auch die farblich ausgefüllte Variante.

Niveaulinien mit Attributen

```
using Plots

begin h(x,y)=x^2*exp(-y^2)
p1=contour(0:0.01:1,-1:0.01:1,h,levels=7,colorbar=false,
title="levels=7")
p2=contour(0:0.01:1,-1:0.01:1,h,colorbar=false,clabels=true,
title="clabels=ture")
p3=contour(0:0.01:1,-1:0.01:1,h,levels=[0.4,0.5,0.6],
colorbar=false,color=:black,title="color=:black")
p4=contourf(0:0.01:1,-1:0.01:1,h,levels=10,colorbar=false,
color=:turbo,title="Füllung und color=:turbo")
```

```
plot(p1,p2,p3,p4)
end
```

◄

Übungsaufgaben

5.10 Darstellen von Niveaulinien   Betrachten Sie die Funktion

$$f(x, y) = y^4 + 2y^2 - y^4 - x^2$$

auf dem Definitionsbereich $D = [-1; 1] \times [-1; 1]$. Schreiben Sie ein Programm, das die dreidimensionale Oberfläche sowie die Niveaulinien in zwei nebeneinander ausgerichteten Darstellungen erzeugt. Es sollen 10 Niveaulinien derselben Farbe *:red4* dargestellt werden. Die Höhenlinien sollten weiter mit den entsprechenden Funktionswerten beschriftet werden.

5.11 Bergtopologie   Die Oberfläche eines Bergabschnitts soll durch die Funktion

$$h(x, y) = 180 \exp(-0{,}001 \cdot (x^2 + y^2)) - 50 \exp(-0{,}01(y - 60)^2) + 5 \sin(x)$$

$$+80 \exp(-0{,}005 \cdot ((x - 30)^2 + (y - 120)^2))$$

beschrieben werden. Der Definitionsbereich sei dabei $D = [0; 100] \times [0; 200]$ (jeweils in Metern). Erzeugen Sie eine Grafik für das Höhenprofil des Berges (Höhenlinien). Implementieren Sie dabei folgende Vorgaben:

- Es sollen ausgefüllte Höhenlinien dargestellt werden.
- Es soll der Farbverlauf *color=:greens* angewendet werden.
- Sowohl die Achsen als auch der Titel sollen beschriftet werden.

5.5   Änderung der Kameraausrichtung in 3D-Grafiken

Für dreidimensionale Darstellungen legt Julia automatisch eine vordefinierte Ansicht fest. Oft kommt es jedoch vor, dass man Darstellungen auch aus unterschiedlichen Blickwinkeln betrachten möchte. Für 3D-Grafiken ist diese Veränderung mit dem Attribut

```
camera=(Längengrad,Breitengrad)
```

möglich, wobei die Breitengradzahl und Längengradzahl den Ansichtswinkel gemäß Abb. 5.10 einstellen. Insbesondere ist hierbei zu beachten, dass es sich bei den Breitengraden und Längengraden um Gradzahlen handelt.

Betrachten wir hierzu wieder als Beispiel unsere Oberfläche, die durch die Funktion $f(x, y) = x^2 \cdot \exp(-y^2)$ beschrieben ist. Die Standarddarstellung dieser Oberfläche haben

Abb. 5.10 Ausrichtung der
Kameraposition mittels Angabe
von Längen- und Breitengrad

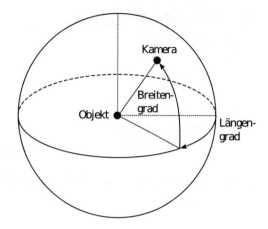

wir bereits in Abb. 5.4 kennengelernt. Mit dem nachfolgenden Befehlscode ändern wir die
Ansicht nun auf einen Breitengrad von 40° und einen Längengrad von 20°. Die zugehörige
Grafik ist in Abb. 5.11 rechts dargestellt.

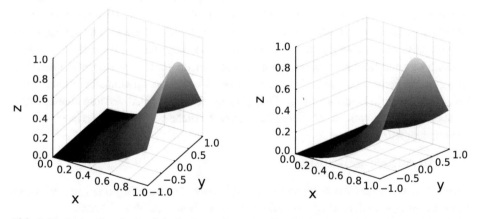

Abb. 5.11 *Links:* Standardansicht der Darstellung der Oberfläche, beschrieben durch die Funktion
$f(x, y) = x^2 \cdot \exp(-y^2)$. *Rechts:* Ansicht derselben Oberfläche für einen Breitengrad von 40° und
einen Längengrad von 20°

Änderung der Kameraausrichtung

```
using Plots

begin
x=0:0.02:1
y=-1:0.02:1
function f(x,y)
x^2*exp(-y^2)
end
surface(x,y,f,xlabel="x",ylabel="y",zlabel="z",camera=(40,20))
end
```

◀

5.6   Erweiterte Farboptionen

Im Abschn. 4.9 haben wir bereits einige Änderungsmöglichkeiten hinsichtlich der farbigen Gestaltung von Grafiken kennengelernt. Bei parametrischen Kurven, Oberflächen, Konturplots, Heatmaps (siehe Abschn. 6.3) oder zweidimensionalen Histogrammen (siehe Abschn. 6.4) kann man zusätzlich den Farbverlauf optional verändern. Für parametrische Kurven muss man im Vergleich zu den anderen Plots noch einen Zusatzbefehl eingeben, weshalb wir zunächst den allgemeinen Fall diskutieren, der für alle anderen erwähnten Plots gültig ist. Für Farbverläufe muss das Zusatzpacket *ColorSchemes.jl* einmalig installiert werden. Nach der Installation wird es in *Plots.jl* integriert und die Farbverläufe können direkt darüber aufgerufen werden. Mittlerweile existieren etliche vordefinierte Farbverläufe, die alle mit dem Attribut

```
color=:Farbverlaufname
```

innerhalb des Plot-Befehls aufgerufen werden können. Die nachfolgende Liste zeigt eine (sehr) kleine Auswahl an gängigen Verlaufsthemen, die sich etabliert haben:

- Beliebte Farbverläufe wie z. B. *:viridis, :inferno, :plasma* oder *:magma*
- Farbverläufe im Stil alter Künstler wie z. B. *:leonardo, :vermeer* oder *:picasso*
- Farbverläufe, die bestimmte Themen aufgreifen wie z. B. *:sunset, :coffee, :neon, :turbo, :rainbow* oder *:pearl*

Eine vollständige Liste kann man im Internet leicht unter *Julia Plots ColorSchemes* finden.

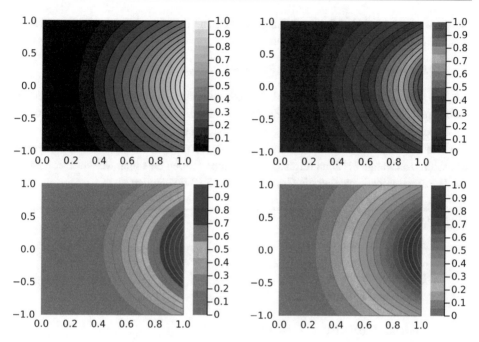

Abb. 5.12 Verschiedene Farbverläufe derselben Niveaulinien

Der nachfolgende Programmcode erzeugt z. B. ausgefüllte Niveaulinien mit den Themen *:viridis* und *:rainbow*. Die zugehörigen Grafiken sind in Abb. 5.12 links und rechts oben zu sehen.

Voreingestellte Farbverläufe

```
using Plots

begin f(x,y)=x^2*exp(-y^2)

c1=contourf(0:0.01:1,-1:0.01:1,f,color=:viridis)
c2=contourf(0:0.01:1,-1:0.01:1,f,color=:rainbow)

plot(c1,c2)
end
```

◄

Neben vordefinierten Farbthemen können auch eigene Kreationen erzeugt werden. Dies ist z. B. über eine Farbpalette mit dem Attribut

```
color=palette([:Farbe1, :Farbe2, ... , :Farbem],n)
```

möglich. Die einzelnen Farben *Farbe1*, *Farbe2* usw. legen die Reihenfolge fest, in der die Farben im Farbverlauf auftreten. Die Zahl *n* gibt dann zusätzlich an, wie viele Einzelfarben mit Mischungen zwischen den voreingestellten Farben existieren sollen.

Betrachten wir hierzu wieder obiges Beispiel der Niveaulinien, wobei wir den Übergang von Grün, zu Orange bis Blau mit insgesamt sieben Farben erzeugen wollen. Der nachfolgende Programmcode erzeugt die Grafik aus Abb. 5.12 links unten.

Farbverlauf mittels Farbpalette

```
using Plots

begin
f(x,y)=x^2*exp(-y^2)

contourf(0:0.01:1,-1:0.01:1,f,
color=palette([:green,:orange,:blue],7))

end
```
◀

Eine letzte Möglichkeit besteht in der Anwendung eines sogenannten *Farbgradienten*. Ein Farbgradient ist sehr ähnlich zu einer Farbpalette, d. h., es können wieder feste Farben eingestellt werden, die als Basis des Farbverlaufs dienen. Der Unterschied besteht nun allerdings darin, dass die Verläufe kontinuierlich ausgeführt werden, d. h., es gibt keine fest Anzahl von Farben mehr. Zusätzlich kann man durch die Angabe eines Vektors, dessen Komponenten Zahlen zwischen 0 und 1 sind, festlegen, an welchen Stellen in der Grafik die Farbübergänge stattfinden sollen. Der Befehl für den Farbgradienten lautet damit

```
color=cgrad([:Farbe1,:Farbe2,...],
        [Position1,Position2,...])
```

Als Beispiel betrachten wir ein letztes Mal unsere Niveaulinien. Es sollen wieder die drei Farben Grün, Orange und Blau durchlaufen werden, wobei die relativen Farbübergänge an den Positionen 0.1, 0.2 und 0.7 stattfinden sollen. Der nachfolgende Programmcode erzeugt die Grafik, die in Abb. 5.12 unten rechts dargestellt ist.

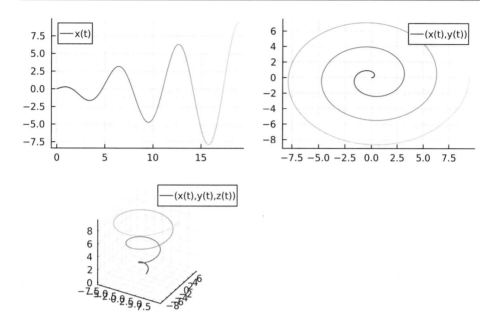

Abb. 5.13 Farbverläufe bei parametrischen Kurven

Farbverlauf mittels Farbgradienten

```
using Plots

begin
f(x,y)=x^2*exp(-y^2)

contourf(0:0.01:1,-1:0.01:1,f,
color=cgrad([:green,:orange,:blue],[0.1,0.2,0.7]))

end
```

◄

Zum Abschluss betrachten wir nun noch gesondert parametrische Kurven. Für Farbverläufe bei parametrischen Kurven muss der Befehl noch leicht erweitert werden, damit die
einzelnen Farbpunkte korrekt übernommen werden (Abb. 5.13).

Farbverlauf bei parametrischen Kurven

```
begin
tp=range(0,6pi,length=400)
xp=0.5 .*tp.*cos.(tp)
```

```
p=0.5 .*tp.*sin.(tp)
zp=0.5 .*tp
f1=plot(tp,xp,color=collect(palette(:viridis,400)),
label="x(t)")
f2=plot(xp,yp,color=collect(palette(:viridis,400)),
label="(x(t),y(t))")
f3=plot(xp,yp,zp,color=collect(palette(:viridis,400)),
label="(x(t),y(t),z(t))")
plot(f1,f2,f3)
end
```

◄

Weiterführende Datenvisualisierungen

6

6.1 Säulendiagramme

Säulendiagramme sind eine elementare Darstellungsmöglichkeit von Datensätzen. Insbesondere eignen sich Säulendiagramme dafür, die unterschiedlichen Datenlagen verschiedener Systeme übersichtlich und vergleichbar aufzuzeigen. Im Abschn. 3.3 haben wir bereits kennengelernt, dass man einen einzelnen Datensatz mit dem Befehl *bar()* als Säulendiagramm darstellen kann. Für die Erstellung von Säulendiagrammen mehrerer Datensätze werden wir das Package *StatsPlots.jl* verwenden, das vor der Benutzung importiert werden muss (vgl. dazu die Erklärungen zur Installation von Packages aus Abschn. 1.3). Neben der Darstellung der tatsächlichen Daten spielt auch die optische Präsentation eine wichtige Rolle. Aus diesem Grund empfehlen wir dem Leser, nochmals verschiedene Darstellungsthemen aus Abschn. 4.10 auszuprobieren. Oft wirken die Daten in einer gewissen Themendarstellung seriöser oder vermitteln einen wissenschaftlicheren Eindruck.

Betrachten wir als illustratives Beispiel die Schülerzahlen an weiterführenden Schulen zweier Städte A und B. Die zugehörigen Daten sind in nachfolgender Tabelle aufgeführt.

Schülerzahlen	Mittelschule	Realschule	Gymnasium
Stadt A	800	950	930
Stadt B	830	800	1020

Ergänzende Information Die elektronische Version dieses Kapitels enthält Zusatzmaterial, auf das über folgenden Link zugegriffen werden kann
https://doi.org/10.1007/978-3-662-68155-8_6.

Der Befehl für die Erstellung von Säulendiagrammen lautet

```
groupedbar()
```

Zwei Darstellungsformen haben sich dabei weitgehend etabliert: 1. additive, d. h. „übereinandergestapelte" Darstellung der einzelnen Datenwerte für die jeweilige Eigenschaft; 2. Darstellung in gruppierten, nebeneinanderstehenden Säulen.

Wir beginnen mit der additiven Darstellung. Hierbei werden die Werte von Stadt A und Stadt B als einzelne Vektoren definiert und im Code als Matrix der Form [StadtA StadtB] eingepflegt. Alternativ kann man die Werte auch gleich als Matrix implementieren, in unserem Fall als 3×2-Matrix. Mit dem Attribut $bar\_position =: stack$ lässt sich die additive Darstellung erzeugen. Ein Beispielcode ist somit wie folgt:

Säulendiagramm additiv

```
using StatsPlots

begin
StadtA=[800 , 950 , 930]
StadtB=[830 , 800 , 1020]
Schule=["Mittelschule","Realschule","Gymnasium"]
groupedbar(Schule,[StadtA StadtB],bar_position=:stack,
label=["Stadt A" "Stadt B"])
end
◀
```

Die Programmstruktur ist für nebeneinander stehende Säulen analog. Einzig das Attribut für die Darstellung wird auf $bar\_position =: group$ geändert.

Säulendiagramm nebeneinander

```
using StatsPlots

begin
StadtA=[800 , 950 , 930]
StadtB=[830 , 800 , 1020]
Schule=["Mittelschule","Realschule","Gymnasium"]
groupedbar(Schule,[StadtA StadtB],bar_position=:group,
label=["Stadt A" "Stadt B"])
end
◀
```

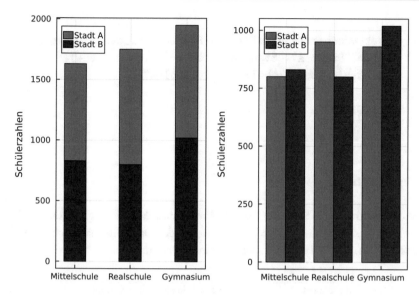

Abb. 6.1 Darstellung zweier Säulendiagramme: additive Datendarstellung (links) und nebeneinanderstehende Säulen (rechts). Zusätzlich wurden die Farben der Säulen, die Balkenbreite sowie die Ausrichtung des Koordinatengitters geändert

In beiden Codes gilt es zu beachten, dass die Beschriftung der Balken durch einen Spaltenvektor der Form [„StadtA" „StadtB"] implementiert werden muss und nicht wie gewohnt durch einen Zeilenvektor [„StadtA" , „StadtB"].

Wie üblich können zusätzliche Attribute wie z. B. die Säulenbreite $bar\_width = x$, die farbliche Füllung der Säulen *color=[Farbe1 Farbe2 …]* oder die Darstellungsoption der Ausrichtung des Koordinatengitters *framestyle=…)* (vgl. Abschn. 4.9) eingestellt werden. Der nachfolgende Programmcode nimmt alle diese Attribute beispielhaft auf. Die zugehörigen Diagramme sind in Abb. 6.1 dargestellt.

Säulendiagramme mit Attributen

```
using StatsPlots

begin
StadtA=[800 , 950 , 930]
StadtB=[830 , 800 , 1020]
Schule=["Mittelschule","Realschule","Gymnasium"]

G1=groupedbar(Schule,[StadtA StadtB],bar_position=:stack,
label=["Stadt A" "Stadt B"],color=[:gray50 :blue4],
framestyle=:box,ylabel="Schülerzahlen",bar_width=0.4)
```

```
G2=groupedbar(Schule,[StadtA StadtB],bar_position=:group,
label=["Stadt A" "Stadt B"],color=[:gray50 :red4],
framestyle=:box,ylabel="Schülerzahlen")

plot(G1,G2)
end
```

◄

Übungsaufgaben

6.1 Säulendiagramm I Schreiben Sie ein Programm, dass die nachfolgenden Tabellenwerte als Säulendiagramm darstellt. Passen Sie ggf. den Darstellungsbereich der Miet- und Nebenkosten an, um die Preisunterschiede klarer herauszustellen.

Monat	Januar	April	Juli	Oktober
Mietkosten in Euro	1200	1205	1225	1220
Nebenkosten in Euro	500	600	550	570

Zusatz: Probieren Sie verschiedene thematische Darstellungsoptionen für das Diagramm aus. Definieren Sie dazu z. B. global *Plots.theme(:dark)*, *Plots.theme(:wong2)* oder *Plots.theme(:dracula)*.

6.2 Säulendiagramm II Kaffeebohnen werden in die drei Klassen *Hochwertig, Mittelklassig* und *Mangelware* eingestuft. Die nachfolgende Tabelle stellt den prozentualen Anteil der Bohnenauslese für die gegebenen Länder dar.

Bohnenanteil in %	Hochwertig	Mittelklassig	Mangelware
Brasilien	60	25	15
Indien	55	25	20
Äthiopien	53	22	25
Sumatra	63	15	22

Schreiben Sie einen Code, der die Daten als nebeneinander stehende Säulen darstellt. Passen Sie dabei die Farben der Säulen wie folgt an: Brasilien (grün), Indien (blau), Äthiopien (gelb), Sumatra (rot).

Bemerkung: Die obigen Zahlen sind frei erfunden!

6.2   Kuchendiagramme

Mithilfe sogenannter Kuchendiagramme kann man auf einfache Weise Anteile einer vorgegebenen Datenmenge in Form von Kreissektoren visualisieren. Innerhalb des Package *StatsPlots.jl* lassen sich Kuchendiagramme durch den Befehl

```
pie(Grundmenge,Wertemenge)
```

erzeugen. Julia rechnet die einzelnen Werte der Wertemenge automatisch in zugehörige Winkel der „Kuchenstücke" um.

Betrachten wir hierzu als Beispiel nachfolgende Tabelle, die den CO_2-Ausstoß nach den jeweiligen Ländern (Originaldaten von 2023) aufzeigt:

Länder	China	USA	Indien	Russland	Japan	Deutschland	Rest der Welt
Ausstoß in %	24,6	15,9	6,5	3,9	3,6	2,4	43,2

Für ein Kuchendiagramm ergibt sich nun der folgende Basiscode, der die Darstellung in Abb. 6.2 liefert.

Kuchendiagramm

```
using StatsPlots

begin
Länder=["China","USA","Indien","Russland","Japan",
```

Abb. 6.2 Einfaches Kuchendiagramm für den prozentualen CO_2-Ausstoß

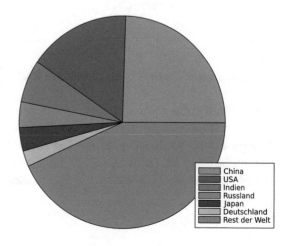

```
"Deutschland","Rest der Welt"]
Ausstoss=[24.6 , 15.9 , 6.5 , 3.9 , 3.6 , 2.4 ,   43.2]
pie(Länder,Ausstoss) #Erzeugt Kuchendiagramm
end
```

◄

Ein Nachteil dieser Darstellung (bei Verwendung des Package *StatsPlots.jl*) besteht darin, dass die zugehörigen Werte leider nicht im Kuchendiagramm angezeigt werden. Eine einfache Möglichkeit dies zu implementieren besteht darin, bereits in der Grundmenge (hier Länder) die zugehörigen Werte mit aufzuzählen. Wie gewohnt kann man durch das Attribut *color=* die Farbauswahl der einzelnen Kuchenstücke anpassen. Im nachfolgenden Code fügen wir nach eben erwähnter Methode die Zahlenwerte hinzu und wählen für die Kuchenstücke einen Farbverlauf von blau über grün nach weiß mit insgesamt sieben gewählten Farben aus. Den Farbverlauf erzeugen wir dabei über das Attribut *color=palette(...)* (vgl. Abschn. 5.6).

Kuchendiagramm mit Werten und Farbverlauf

```
using StatsPlots

begin
Länder=["China 24,6%","USA 15,9%","Indien 6,5%",
"Russland 3,9%","Japan 3,6%","Deutschland 2,4%",
"Rest der Welt 43,2%"]
Ausstoss=[24.6 , 15.9 , 6.5 , 3.9 , 3.6 , 2.4 ,   43.2]
pie(Länder,Ausstoss,color=palette([:blue,:green,:white],7),
legend=:outerright)
end
```

◄

Der Code erzeugt das in Abb. 6.3 dargestellte Kuchendiagramm.

Übungsaufgabe

6.3 Säulen- und Kuchendiagramme Die Abb. 6.4 stellt ein gemeinsames Säulen- und Kuchendiagramm im Layout *grid(2,2)* dar. Für die Darstellung wurde das Plot-Thema *theme(:dark)* verwendet. Schreiben Sie ein Programm, das dieselbe Abbildung erzeugt.

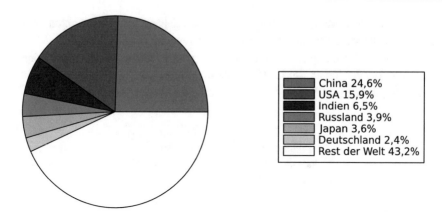

Abb. 6.3 Einfaches Kuchendiagramm für den prozentualen CO_2-Ausstoß inkl. Werte und Farbverlauf für Kuchenstücke

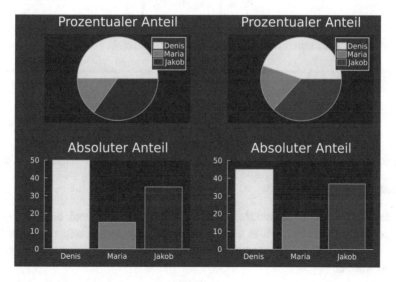

Abb. 6.4 Gemeinsames Säulen- und Kuchendiagramm

6.3 Heatmaps

Sogenannte *Heatmaps* (engl. für Hitzekarte) sind zweidimensionale Darstellungen von (meist) großen Datenmengen, wobei die zugehörigen Zahlenwerte der Datenmenge farblich unterschiedlich markiert werden. Somit erlauben es Heatmaps, Ansammlungen von festen Datenwerten (Clustern) auf einem Blick zu erkennen.

In Julia werden die Werte der Daten in Form einer Matrix M (vgl. Abschn. 1.6) eingepflegt. Die Zeilen entsprechen dabei einer Dateneigenschaft y, die Spalten einer Dateneigenschaft x und die Einträge M_{ij} dem zugeordneten Zahlenwert (oft Auftreten der Eigenschaften). Das Package *Plots.jl* erlaubt dann die Erzeugung der Heatmap.

Betrachten wir als Beispiel die drei Vorstellungstage Freitag, Samstag und Sonntag in einem Kino. An allen Tagen werden Getränke, Popcorn sowie Süß waren einer bestimmten Anzahl verkauft. Die nachfolgende Tabelle gibt die jeweiligen Verkaufszahlen an.

	Getränke	Popcorn	Süßwaren
Freitag	200	150	80
Samstag	300	200	130
Sonntag	290	170	150

Als Matrix

$$M = \begin{pmatrix} 200 & 150 & 80 \\ 300 & 200 & 130 \\ 290 & 170 & 150 \end{pmatrix}$$

lassen sich in Julia nun diese Zahlenwerte durch den Befehl

Datenmatrix

```
    M=[200 150 80 ; 300 200 130 ; 290 170 150]
◄
```

implementieren. Um diese Daten nun als Heatmap darzustellen, verwenden wir den Befehl

```
    heatmap(Datenmatrix)
```

Durch den Standardbefehl für die Heatmap tritt leider das Problem auf, dass die Zeilenzahl gerade von unten nach oben, d. h. in umgekehrter Reihenfolge zur Eintragung in der Matrix, in die entsprechende Grafik übernommen wird. Aus diesem Grund erweitern wir den Befehl durch das Attribut

```
    yflip=ture
```

Damit wird die Matrix 1 zu 1 in Zeilen- und Spaltenzahl in die zugehörige Grafik übernommen. Ein Programmcode für unser Kinobeispiel würde somit z. B. (inkl. Beschriftung der Achsen) lauten:

Kino-Heatmap

```
    using Plots

    begin
        M=[200 150 80 ; 300 200 130 ; 290 170 150]  #Datenmatrix
```

```
heatmap(["Getränke", "Popcorn", "Süßwaren"],
["Freitag","Samstag","Sonntag"],M,yflip=true)
end
```

Die zugehörige Heatmap ist in Abb. 6.5 dargestellt. Es gilt zu beachten, dass im Gegensatz zu den bisherigen Darstellungen die Beschriftung der x- und y-Achse gleich zu Beginn des Befehls in Form von Vektoren implementiert werden muss, d. h. der allgemeine Befehl für Standard-Heatmaps lautet

```
heatmap(x-Beschrift.,y-Beschrift.,
Datenmatrix,yflip=true)
```

Aus der Heatmap ist nun sofort ersichtlich, dass von allen Waren am häufigsten Getränke verkauft werden, und zwar an den beiden Tagen Samstag und Sonntag. Süßwaren spielen dagegen eine eher untergeordnete Rolle und verkaufen sich, verglichen mit den anderen Verkäufen, insbesondere am Freitag relativ schlecht.

◀

Übungsaufgabe

6.4 Heatmap eines Fußballspielers Die nachfolgende Tabelle stellt die Aufenthaltszeiten eines Fußballspielers (in Minuten) in den entsprechenden Spielfeldzonen bei einem Kurzeinsatz dar:

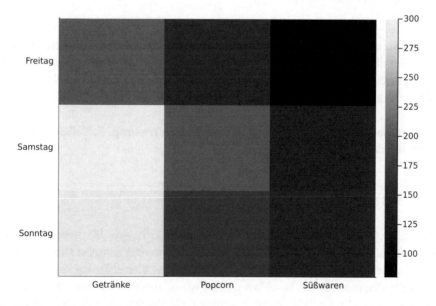

Abb. 6.5 Darstellung der Kinodaten als Heatmap

	Links	Halblinks	Zentrum	Halbrechts	Rechts
Angriff	0	0	2	1	0
Offensives Mittelfeld	0	0	0	4	2
Mittelfeld	0	0	3	5	1
Defensives Mittelfeld	0	2	5	3	0
Verteidigung	0	0	3	2	1

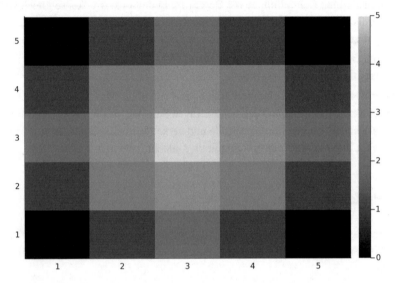

Abb. 6.6 Beispiel einer Heatmap

Erstellen Sie zu dieser Tabelle eine passende Heatmap. Beschriften Sie die Achsen entsprechend der Tabellenbeschriftungen und verwenden Sie als Farbe den Farbverlauf
cgrad[:gray20, :green, :yellow], der an ein Spielfeld erinnert. Begründen Sie ausgehend
von Ihrer Heatmap, in welchen Spielfeldzonen sich der Fußballspieler bevorzugt aufhält.

6.5 Heatmap Reproduktion   Die Abb. 6.6 zeigt eine Heatmap. Schreiben Sie ein Programm, das diese Heatmap reproduziert.

6.4   Histogramme

Histogramme sind eine spezielle Form von Datenvisualisierungen. Sie dienen zur Darstellung der Häufigkeitsverteilung von Datenpunkten. Wir werden zunächst Histogramme für
eine Datenmenge beschreiben. Diese entsprechen in ihrer Visualisierung im Prinzip einfachen Säulendiagrammen. Im Anschluss werden wir zu zweidimensionalen Histogrammen
übergehen, die große Ähnlichkeit mit Heatmaps (vgl. Abschn. 6.3) aufweisen. Beide Darstellung sind mithilfe des Packages *Plots.jl* möglich.

Beginnen wir nun mit einer einzelnen Datenmenge, die wir in Form eines Vektors

```
Daten=[Zahl1,Zahl2,...]
```

realisieren. Ein Histogramm zeigt nun die Häufigkeit gleicher Zahlen auf. Der Befehl zur Darstellung lautet dabei

```
histogram(Daten,bins=Datengrundlage,normalize=true)
```

Einige Erläuterungen zum Befehl: Mit *Daten* wird die darzustellende Datenmenge eingebunden. Zusätzlich muss man noch festlegen, welche Zahlen auf Gleichheit hin geprüft und deren absolute Häufigkeiten ermittelt werden sollen. Dies geschieht mit dem Attribut *bins=*. Hierbei kann man entweder einen Bereich angeben, in dem die Daten dann gemäß gleichmäßigen Intervallen zugeordnet werden, oder man gibt einfach eine vorgegebene Anzahl von Unterteilungen mittels *bins=n* vor. Das Histogramm kann entweder die absoluten Häufigkeiten anzeigen (dies entspricht der Standardeinstellung) oder auf eins normiert werden. Dies wird durch das Attribut *normalize=true* implementiert.

Betrachten wir zum besseren Verständnis ein Beispiel. Wir würfeln mit einem idealen sechsseitigen Würfel 10 Mal. Die entsprechenden Augenzahlen sind im nachfolgenden Vektor festgehalten:

```
Daten=[1,1,6,3,2,1,5,6,2,1]
```

Wir möchten nun das zugehörige Histogramm erstellen. Als Datengrundlage wählen wir den Darstellungsbereich der sechs möglichen Ergebnisse, startend von 1, d. h. den Bereich *1:1:7*. Julia zählt nun basierend auf der Datengrundlage (auch Klassen genannt; engl. *bins*) die absoluten Häufigkeiten der Zahlen in den *Daten*. Der nachfolgende Programmcode erzeugt das zugehörige Histogramm (siehe Abb. 6.7) einmal mit den absoluten Häufigkeiten (links) und einmal im normalisierten Fall (rechts).

Histogramm beim Würfeln

```
using Plots

begin Daten=[1,1,6,3,2,1,5,6,2,1]

p1=histogram(Daten,bins=1:1:7,label="absolute Häufigkeit")
p2=histogram(Daten,bins=1:1:7,normalize=true,
label="Normalisiert")

plot(p1,p2)
end
```

◄

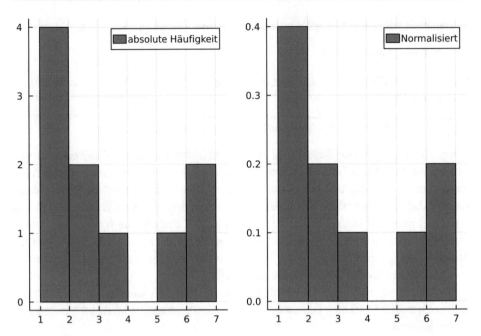

Abb. 6.7 Histogramme des Würfelspiels: links mit absoluten Häufigkeiten, rechts in der normalisierten Variante

Die Idee hinter dem zweidimensionalen Histogramm ist prinzipiell identisch. Verglichen werden hier nun Häufigkeiten von Punkten im zweidimensionalen Raum. Die Häufigkeit gleicher Punkte wird dabei farblich kodiert und analog zu Heatmaps (vgl. Abschn. 6.3) visualisiert. Die einzelnen Punktangaben werden wie gewohnt durch zwei Vektoren jeweils für die x- und y-Koordinaten beschrieben. Der Befehl zur Erzeugung des 2D-Histogramms lautet dann

```
histogram2d(x,y,bins=(n,m),show_empty_bins=true)
```

Mit dem Attribut *bins=(n,m)* kann die Unterteilung der x- und y-Richtung in n bzw. m Kacheln festgelegt werden. Dadurch wird unmittelbar auch festgelegt, welche Punkte innerhalb einer Kachelregion aufaddiert werden. Das Attribut *show_ empty_ bins=true* ist optional. Ist es aktiviert, so werden alle Kacheln der Heatmap farblich ausgefüllt. Anderenfalls werden freie Kachelstellen einfach weiß übernommen. Wie beim eindimensionalen Histogramm kann man mit dem Attribut *normalize=true* wieder ein normiertes Histogramm erzeugen.

In Abb. 6.8 wird eine Punktemenge mit x- und y-Koordinaten als zweidimensionales Histogramm mit unterschiedlichen Attributen dargestellt. Einmal werden alle Kacheln gefüllt, im anderen Fall weiß gelassen. Auch wird die Kachelgröße unterschiedlich fest-

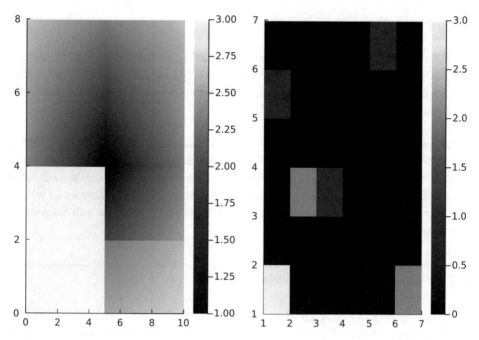

Abb. 6.8 Zweidimensionale Histogramme basierend auf denselben Punkten mit unterschiedlichen Attributen

gelegt, wodurch unterschiedliche Punkte zusammengezählt werden. Der zugehörige Programmcode ist nachfolgend aufgeführt.

Beispiel 2D-Histogramm

```
using Plots

begin
xKoord=[1,1,6,3,2,1,5,6,2,1]
yKoord=[1,5,1,3,3,1,6,1,3,1]
h1=histogram2d(xKoord,yKoord,bins=(2,4))
h2=histogram2d(xKoord,yKoord,bins=(6,6),
show_empty_bins=true)
plot(h1,h2)
end
```

◄

Übungsaufgabe

6.6 Eindimensionales Histogramm   Erzeugen Sie mithilfe des Befehls *rand(100)* einhundert verschiedene Zufallszahlen und stellen Sie deren absolute Häufigkeit in einem Histogramm dar. Betrachten Sie dabei, wie sich das Histogramm verändert, wenn Sie die Anzahl der Kacheln (bins) auf 2, 10, 25 oder 100 setzen.

6.7 Zweidimensionales Histogramm   Erzeugen Sie mithilfe des Befehls *rand( )* einhundert zufällige Punkte im Bereich [0; 1] × [0; 1]. Stellen Sie diese Punkte in einem zweidimensionalen Histogramm dar und passen Sie die Attribute nach Ihren Wünschen an. Verändern Sie außerdem z. B. die farbliche Darstellung mithilfe des Attributs *color=:plasma* oder wählen Sie einen anderen Farbverlauf. Probieren Sie insbesondere auch aus, wie sich das Attribut *bins=(n,m)* auf die Darstellung auswirkt.

6.5   Box-Plots (und Violin-Plots)

Box-Plots eignen sich hervorragend, um auf einen Blick eine gute Einschätzung über eine Datenmenge zu erhalten. Wir wiederholen hier zunächst kurz einige Grundideen zu Box-Plots, bevor wir auf die Erzeugung und Darstellungsmöglichkeiten für diese innerhalb Julia eingehen.

Betrachten wir als Beispiel einen gegebenen Datensatz von Zahlen, die wir bereits der Größe nach aufsteigend geordnet haben (Julia übernimmt den Schritt der Ordnung später für uns automatisch):

$$\textit{Datensatz} = \{\underbrace{0; 0; 1; 1; 1,}_{\textit{unteres Quartil}} \overbrace{2}^{\textit{Median}} ; \underbrace{2; 2; 3; 3, 5}_{\textit{oberes Quartil}}\}.$$

Die Zahl, die genau in der Mitte des geordneten Datensatzes liegt, wird als *Median* bezeichnet, hier liegt der Median bei 2. Der Median zerteilt die Datenreihe in ein oberes und unteres *Quartil*. Die kleinste auftretende Zahl, hier die 0, wird als Minimum, die größte auftretende Zahl, hier 3,5, wird als Maximum bezeichnet. Innerhalb des oberen und unteren Quartils kann man wieder diejenige Zahl suchen, die den Datensatz erneut halbiert. Man bezeichnet diese als *Median des oberen bzw. unteren Quartils*. In unserem Beispiel wäre der Median des unteren Quartils die Zahl 1, der Median des oberen Quartils die Zahl 2.

Ein Box-Plot stellt nun diese charakteristischen Größen (Median, Minimum, Maximum, Median des unteren/oberen Quartils) graphisch dar wie in Abb. 6.9 gezeigt.

Um Box-Plots in Julia zu erzeugen, verwenden wir das Package *StatsPlots.jl*. Haben wir einen Datensatz, z. B.

$$\textit{Daten1} = \{1; 1; 3; 2, 5; 3; 0; 1; 0, 2\}$$

Abb. 6.9 Darstellung eines
Box-Plots basierend auf dem
beispielhaften Datensatz mit
Markierung der wesentlichen
Größen

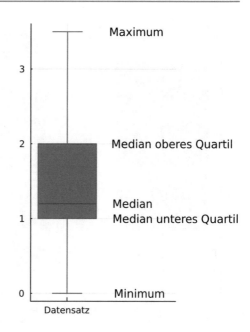

gegeben, so können wir mit dem Befehl

```
boxplot(Datensatz)
```

den Box-Plot erzeugen, wobei wir den Datensatz wie gewohnt als Zeilenvektor *Daten1* =
[1, 1, 3, 2.5, 3, 0, 1, 0.2] einpflegen müssen. Neben einem Box-Plot kann man zusätzlich
mit dem Befehl

```
violin(Datensatz)
```

einen Violin-Plot generieren. Violin-Plots stellen dabei eine Verallgemeinerung von Box-
Plots dar, deren Breite der zugehörigen Dichtefunktion der Zahlenwerte des Datensatzes entspricht. Mit dem nachfolgenden Code erzeugen wir zum obigen Datensatz *Daten1* einen einzelnen Box-Plot, einen einzelnen Violin-Plot sowie eine Überlagerung beider Plots, jeweils
an den Positionen *[Box-Plot], [Violin-Plot]* und *[Kombiniert]*. Die erzeugte Darstellung ist
in Abb. 6.10 zu sehen, wobei wir die Anzeige der Legende deaktiviert haben.

Box-Plot und Violin-Plot

```
using StatsPlots

begin
Daten1=[1,2,3,2.5,3,0,1,0.2]
boxplot(["Box-Plot"],Daten1,legend=false)
violin!(["Violin-Plot"],Daten1,alpha=0.3)
```

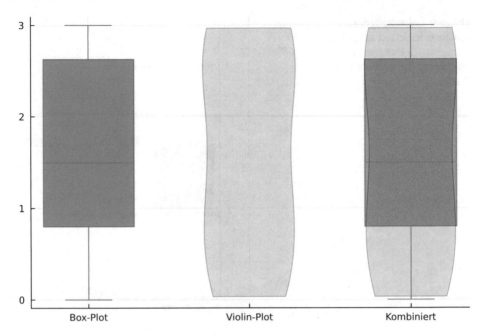

Abb. 6.10 Box-Plot, Violin-Plot und kombinierte überlagerte Darstellung

```
boxplot!(["Kombiniert"],Daten1)
violin!(["Kombiniert"],Daten1,alpha=0.3)
end
```

◄

Übungsaufgabe

6.8 Zufällige Box-Plots Erzeugen Sie eine Zufallsmatrix M mit 11 Zeilen und 3 Spalten und lassen Sie sich diese Datenmatrix als drei Box-Plots mithilfe des Befehls *boxplot(M)* erzeugen. Wie können Sie die Beschriftung der x-Achse und der Legende so verändern, dass unter den drei Plots jeweils Datensatz 1, Datensatz 2 und Datensatz 3 steht und auch die Box-Plots in der Legende richtig zugeordnet werden?

6.9 Kenngrößen Gegeben sei folgender Datensatz:

$$Daten = \{-2; -1; -4; 1; 3; 1; 5; -1; 2; 1; 5\}$$

Erstellen Sie zu diesem Datensatz einen Box-Plot und einen Violin-Plot. Geben Sie direkt in Ihrem Box-Plot das Minimum, das Maximum und den Median des unteren sowie des oberen Quartils an.

Netzwerke

7

7.1   Grundkonzepte von Graphen

Im Folgenden werden wir Netzwerke immer als mathematische Graphen ansehen. Ein Graph ist im Allgemeinen eine Ansammlung von einzelnen Objekten, die vereinfacht als Punkte (Sechsecke, Quadrate, Dreiecke etc.) dargestellt werden. Man nennt diese Objekte *Vertices* (oder auch Knoten; Einzahl *Vertex*). Stehen die einzelnen Objekte in einer zuvor definierten Relation zueinander, so werden diese durch sogenannte *Edges* (Kanten) verbunden. Dabei kann die Verbindung durch eine einfache Linie oder, im Fall der besonderen Abhängigkeit, durch eine Linie mit Pfeil dargestellt werden. Man unterscheidet daher zwischen gerichteten (mit Pfeilen) und ungerichteten Graphen. Die Abb. 7.1 zeigt beispielhaft zwei solche Graphen. Insbesondere fällt bei beiden Graphen auf, dass der Vertex 5 mit allen anderen in keinerlei Beziehung steht.

Jeder Graph kann durch eine Vertexmenge und eine Kantenmenge beschrieben werden. Zwischen zwei Vertices können auch mehrere Verbindungslinien existieren. Hier werden wir uns allerdings nur auf solche Fälle konzentrieren, in denen zwei Vertices durch höchstens eine Verbindungslinie miteinander in Beziehung stehen. Solche Graphen werden als *einfache* oder *schlichte Graphen* bezeichnet.

In Julia werden die drei Packages *Plots.jl*, *Graphs.jl* sowie *GraphsRecipes.jl* zur Erzeugung von Graphen benötigt. Im einfachsten Fall, bei dem man noch keine zusätzlichen Attribute festlegt, lautet der Befehl für einen ungerichteten Graphen

```
Graph(Anzahl Vertices, Anzahl Kanten)
```

Ergänzende Information   Die elektronische Version dieses Kapitels enthält Zusatzmaterial, auf das über folgenden Link zugegriffen werden kann
https://doi.org/10.1007/978-3-662-68155-8_7.

D. Jaud, *Datenvisualisierungen mit Julia*,
https://doi.org/10.1007/978-3-662-68155-8_7

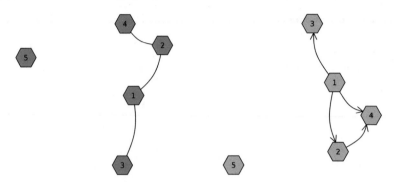

Abb. 7.1 Beispiel eines ungerichteten Graphen (links) und eines gerichteten Graphen (rechts)

Durch diesen Befehl wird ein beliebiger ungerichteter Graph erzeugt, der zu den vorgegebenen Vertices und Kanten korrespondiert. Dabei ergeben sich natürlicherweise verschiedenste Konfigurationen. Mithilfe des Befehls

```
graphplot(Graph(Anz. Ver., Anz. Knt.))
```

lässt sich dann der tatsächliche Graph erzeugen. Durch wiederholte Aktualisierung des Befehls können die anderen Konfigurationen erzeugt werden. Der Graph aus Abb. 7.1 kann nun z. B. bis auf die Nummerierung erzeugt werden durch den nachfolgenden Programmcode.

Erster Graph

```
using Plots
using Graphs
using GraphRecipes

graphplot(Graph(5,4))
```
◀

Aktualisieren Sie diesen Code einige Male, um die unterschiedlichen Konfigurationsmöglichkeiten zu betrachten.

Bei gerichteten Graphen spielt die Orientierung der Verbindungslinien eine spezielle Rolle. Wir werden im Abschn. 7.3 gesondert darauf eingehen, wie man diese Richtungsabhängigkeit implementiert.

7.2   Voreingestellte Graphen

Bevor wir im nächsten Abschnitt beschreiben, wie man Graphen nach den eigenen Anforderungen erstellen kann, gehen wir hier kurz auf bereits vorgefertigte Graphen ein. Das Package *Graphs.jl* hat eine Vielzahl von vordefinierten Graphen bereits eingespeichert, die sich in den unterschiedlichsten Anwendungsgebieten immer wieder als nützlich erwiesen haben. Hier präsentieren wir lediglich fünf wichtige Kurzbefehle, mit denen man die fünf Graphen aus Abb. 7.2 erzeugen kann.

- Der Befehl

  `PathGraph(n)`

  korrespondiert zu einem Graphen mit n Vertices, die entlang eines Pfades miteinander verbunden sind (vgl. Abb. 7.2, links oben).
- Der Befehl

  `CubicalGraph()`

  korrespondiert zu einem Graphen, dessen Vertices in Form eines sechsseitigen Würfels angeordnet sind (vgl. Abb. 7.2, Mitte oben).
- Der Befehl

  `StarGraph(n)`

  korrespondiert zu einem Graphen mit n Vertices, die in Form eines Sternes durch Kanten verbunden sind (vgl. Abb. 7.2, rechts oben).
- Der Befehl

  `CompleteGraph(n)`

  korrespondiert zu einem Graphen mit n Vertices, wobei jeder Vertex mit jedem anderen durch Kanten verbunden ist (vgl. Abb. 7.2, links unten).
- Der Befehl

  `WheelGraph(n)`

  korrespondiert zu einem Graphen mit n Vertices, die in Form eines Rades durch Kanten verbunden sind (vgl. Abb. 7.2, Mitte unten).
- Der Befehl

  `CompleteBipartiteGraph(n,m)`

  korrespondiert zu einem Graphen mit $n + m$ Vertices, wobei alle n Vertices der ersten Gruppe mit allen m Vertices einer zweiten Gruppe verbunden sind (vgl. Abb. 7.2, rechts unten).

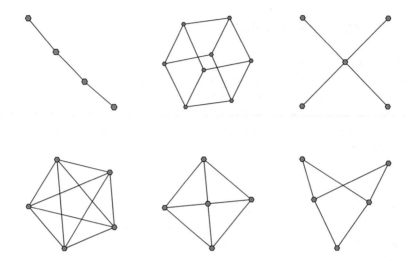

Abb. 7.2 Darstellung von fünf wichtigen Graphentypen

7.3   Konstruktion von Graphen

Voreingestellte Graphen sind nützlich, wenn man keine individuellen Anpassungen vornehmen muss. Oft kommt es jedoch vor, dass man Graphen anhand konkreter Situationen erstellen muss. In diesem Abschnitt beschreiben wir, wie man einen Graphen von Grund auf konstruiert und beliebig erweitern kann. Im nächsten Abschnitt wählen wir für dasselbe Endresultat einen alternativen Weg, der auf einer Matrix basiert. Wieder verwenden wir die Packages *Plots.jl*, *Graphs.jl* und *GraphRecipes.jl*.

Die Idee bei der Konstruktion eines individuellen Graphen besteht darin, Vertices per Hand anzulegen und durch zusätzliche Befehle die einzelnen Verknüpfungen einzupflegen.

Wir illustrieren das Vorgehen an einem konkreten Beispiel. Unser Graph soll vier Vertices aufweisen, denen wir die Zahlen von 1–4 zuweisen. Der Vertex 1 soll mit allen anderen verbunden sein, zusätzlich soll noch der Vertex 2 mit dem Vertex 4 verbunden werden.

Im ersten Schritt erstellen wir einen Graphen mit 4 Vertices, den wir mit *g* bezeichnen, mithilfe des Befehls

```
g=Graph(4)
```

Hinweis: Hier bauen wir einen Graphen von Grund auf neu zusammen. Hat man allerdings schon eine Grundstruktur in Form eines der vordefinierten Graphen im Hinterkopf, so kann auch dieser als erstes geladen werden.

Die einzelnen Vertices sind noch nicht durch Kanten verbunden, diese können wir nun mit dem Befehl

```
add_edge!(g,i,j)
```

Abb. 7.3 Per Hand erzeugter
Graph mit gewünschten
Verknüpfungen und
Beschriftungen

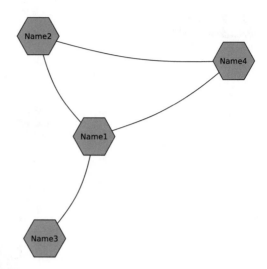

erzeugen, wobei i und j jeweils die Vertices sind, die wir miteinander verbinden wollen.
Haben wir alle Verknüpfungen festgelegt, so können wir letztlich den Graphen mittels

```
graphplot(g,names=["Name1","Name2","Name3","Name4"])
```

erzeugen, wobei wir die einzelnen Vertices noch mit *Namen* durch das Attribut *names=*
versehen können. Der gesamte Programmcode, der letztlich den Graphen in Abb. 7.3 erzeugt,
lautet damit:

Konstruktion eines Graphen

```
using Plots
using Graphs
using GraphRecipes

begin
g=Graph(4)
add_edge!(g,1,2)
add_edge!(g,1,3)
add_edge!(g,1,4)
add_edge!(g,2,4)
graphplot(g,names=["Name1","Name2","Name3","Name4"])
end
```

◄

Abb. 7.4 Einfaches
Personennetzwerk

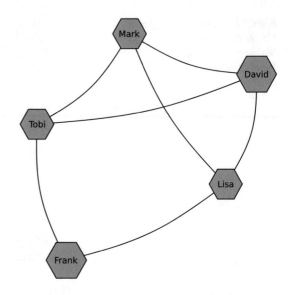

Für gerichtete Graphen ist das Vorgehen analog. Hier startet man mit dem Befehl

    g=DiGraph(n)

Das *Di* steht dabei für die englische Abkürzung von *directed* (=gerichtet). Bei gerichteten Graphen wird die gerichtete Kante durch den analogen Befehl

    add_edge!(g,i,j)

vorgegeben, d. h., es wir eine Verbindungslinie von *i* nach *j* mit Pfeilrichtung zu *j* angelegt.

Übungsaufgaben

7.1 Graph Reproduktion Schreiben Sie ein Programm, das den in Abb. 7.4 dargestellten Graphen reproduziert.

7.2 Gerichteter Graph Betrachten Sie nochmals den Graphen aus Abb. 7.4. Alle Personen arbeiten bei einer Zeitung und die Verbindungslinien sollen angeben, ob die Personen zusammenarbeiten. Wir möchten nun zusätzliche Abhängigkeiten einpflegen, d. h. einen gerichteten Graphen erzeugen. Die Pfeilrichtung soll dabei angeben, welche Person von einer anderen Hilfe bei der Arbeit erhält. Dabei soll gelten:

- Frank hilft Tobi und Lisa
- Lisa hilft David
- David hilft Tobi und Mark
- Mark hilft Tobi und Lisa

Erzeugen Sie einen neuen gerichteten Graphen, d. h. einen Graphen mit Pfeilen, der diese Hilfestellungen korrekt wiedergibt.

7.4 Erstellung von Graphen durch die Adjazenzmatrix

Die Erstellung eines Graphen, wie im letzten Abschnitt beschrieben, ist zwar ein einfaches Prozedere, sobald das Netzwerk groß wird, ist es allerdings mit einem enormen Programmieraufwand verbunden, da alle Verbindungen „per Hand" festgelegt werden müssen und auf die Reihenfolge der Verbindungen geachtet werden muss. Abhilfe schafft hierfür die sogenannte *Adjazenzmatrix A*. Dabei ist die Adjazenzmatrix eines Graphen wie folgt definiert:

Besteht ein Graph aus n Vertices, so gibt der Eintrag A_{ij} mit $i, j \in \{1; 2; \ldots; n\}$ die Anzahl der Verbindungslinien zwischen dem Vertex i und dem Vertex j an.

Nachdem wir hier nur einfache Verbindungslinien betrachten, sind alle Einträge der Adjazenzmatrix entweder 0 (keine Verbindungslinie) oder 1 (genau eine Verbindungslinie). Das Package *GraphRecipes.jl* erlaubt direkt mittels der Adjazenzmatrix zwischen ungerichteten und gerichteten Graphen zu unterscheiden:

- Existiert zwischen dem Vertex i und j eine ungerichtete Verbindungslinie, so muss sowohl der Matrixeintrag $A_{ij} = 1$ als auch $A_{ji} = 1$ sein. Die Adjazenzmatrix eines ungerichteten Graphen ist also stets symmetrisch, d. h. $A = A^T$.
- Soll eine gerichtete Verbindungslinie vom Vertex i zum Vertex j gezogen werden, so ist nur der Matrixeintrag A_{ij} gleich 1, der symmetrisch liegende Eintrag A_{ji} hingegen gleich 0.

Hat man die zugehörige Adjazenmatrix A definiert, so lässt sich der zugehörige Graph wie gewohnt mithilfe des Befehls

```
graphplot(A)
```

erzeugen. Die Methode der Adjazenzmatrix erspart uns folglich die teils umständliche Prozedur, einzelne Verbindungslinien zu definieren und passend zu verknüpfen. Weiter müssen bei dieser Methode auch nicht extra die einzelnen Vertices erzeugt werden, sämtliche Information über den Graphen ist bereits in der Adjazenzmatrix hinterlegt. Betrachten wir als Beispiele hierfür nochmals die beiden Graphen aus Abb. 7.1. Für den ungerichteten Graphen ergibt sich mithilfe der Adjazenzmatrix der nachfolgende Programmcode.

Adjazenzmatrix ungerichteter Graph

```
using Plots
using Graphs
```

```
using GraphRecipes

begin
Aungerichtet=
    [0 1 1 1 0;
     1 0 0 1 0;
     1 0 0 0 0;
     1 1 0 0 0;
     0 0 0 0 0]
graphplot(Aungerichtet,names=1:5)
end
```

◄

Analog erhält man den Programmcode für den gerichteten Graphen, wobei an den passenden Stellen Nullen gesetzt werden:

Adjazenzmatrix gerichteter Graph

```
using Plots
using Graphs
using GraphRecipes

begin
Agerichtet=
    [0 1 1 1 0;
     0 0 0 1 0;
     0 0 0 0 0;
     0 0 0 0 0;
     0 0 0 0 0]
graphplot(Agerichtet,names=1:5)
end
```

◄

Übungsaufgaben

7.3 Graphenerstellung mit der Adjazenzmatrix Schreiben Sie ein Programm, das unter Benutzung der Adjazenzmatrix die beiden Graphen aus Abb. 7.5 qualitativ erzeugt.

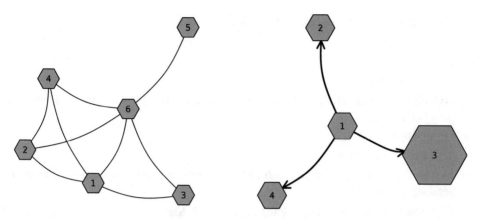

Abb. 7.5 Ein ungerichteter sowie ein gerichteter Graph, erstellt aus den jeweiligen Adjazenzmatrizen

7.5   Darstellungsoptionen von Graphen

Das Package *GraphRecipes.jl* ist verantwortlich für die optische Darstellung von Graphen. Diese Package basiert stark auf den Einstellungen von Markern, weshalb die Befehle, um die Darstellung von Graphen zu verändern, auf denselben Befehlen basieren wie die bei Markern. Nachfolgend beschreiben wir die wichtigsten Attribute und geben, falls vorhanden, auch Alternativbefehle an, die sich im Rahmen der Graphentheorie etabliert haben.

- Die Größe der Vertices lässt sich mit den Attributen

      markersize=x

  oder alternativ mit

      nodesize=x

  verändern. Die Zahl x nimmt dabei Werte zwischen null und eins an.
- Mithilfe der Attribute

      markershape=

  oder

      nodeshape=

  lässt sich die Form der Vertices anpassen. Standardmäßig ist ein Sechseck *:hexagon* eingestellt. Es sind aber auch andere Formen wie z. B. *:circle* für einen Kreis, *:ellipse* für eine Ellipse oder *:rect* für ein Quadrat möglich.

- Die Füllfarbe der Vertices lässt sich mit den Attributen

      `markercolor=`

  oder

      `nodecolor=`

  inkl. einer zugehörigen Farbbezeichnung einstellen. Auch Farbverläufe sind hier wie gewohnt möglich.
- Durch das Attribut

      `node_weights=`

  können die einzelnen Markergrößen relativ zueinander angepasst werden. Dies kann entweder durch einen Vektor, z. B.

      `node_weights=[Zahl1, Zahl2, ... , Zahln]`

  oder durch einen kontinuierlichen Verlauf *1:n* erzeugt werden. Die Zahl n entspricht dabei der Anzahl der Vertices.
- Die Beschriftung der einzelnen Vertices erfolgt über das Attribut

      `names=`
- Die Verbindungslinien zwischen einzelnen Vertices sind standardgemäß geschwungen. Man kann aber auch jede beliebig starke Biegung mithilfe des Attributs

      `curvature=x`

  erzeugen. Dabei entspricht $x = 1$ einer maximalen Krümmung, für $x = 0$ sind die Verbindungslinien einfach Geraden.
- Das Attribut

      `linewidth=x`

  setzt die Breite der Verbindungslinien auf einen Wert x.
- Graphen werden üblicherweise in einer Ebene in zwei Dimensionen dargestellt. Durch das Attribut

      `dim=3`

  kann man die Darstellung alternativ auch für den dreidimensionalen Raum generieren. Dies kann im Rahmen von Animationen, in denen der Graph z. B. rotiert und man so unterschiedliche Blickwinkel (vgl. Abschn. 5.5) erzeugen kann, von Interesse sein.

Übungsaufgaben

7.4 Graph mit Attributen Schreiben Sie ein Programm, das den in der nachfolgenden Abb. 7.6 dargestellten Graphen mit den Attributen *names=, curvature=0, markercolors=, markersize=0.07* sowie *markershape=:circle* erzeugt.

Abb. 7.6 Gerichteter Graph
mit veränderten
Darstellungsoptionen

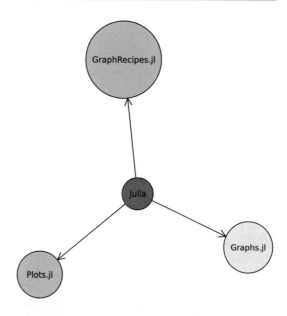

7.6   Beschriftung der Verbindungslinien

Als letztes Thema innerhalb der Visualisierung von Netzwerken betrachten wir nun noch, wie man die Verbindungslinien eines Graphen beschriften kann. Eine Verbindungslinie ist stets durch die Angabe der beiden zugehörigen Vertices bestimmt. Wenig überraschend müssen wir den Programmcode so erweitern, dass diese eindeutige Abhängigkeit übernommen wird. Sind nun also die beiden Vertices i und j gegeben. Durch das Attribut

```
edgelabel=Dict((i,j)=>"Beschriftung")
```

wird folglich die Verbindungslinie zwischen i und j mit *Beschriftung* bezeichnet. Der Befehl repräsentiert also eine Art Wörterbuch für die einzelnen Vertex-Verbindungen. Der Übergang zu mehreren Verbindungen geschieht einfach durch Hinzufügen mehrerer Attribut-Verbindungen, also

```
edgelabel=Dict((i1,i2)=>"Beschriftung1",(i1,i3)=>"Beschriftung2",...)
```

Bei größeren Graphen kann es sinnvoll sein, die einzelnen Verknüpfungen erst gesondert mittels einer Variable aufzulisten und dann innerhalb des Attributs zu übernehmen. Zur Veranschaulichung betrachten wir nochmals das Personennetzwerk aus Aufgabe 7.1. Wir erweitern diesen Graphen durch Beschriftung der einzelnen Verbindungslinien entsprechend der Bekanntheitsverhältnisse der einzelnen Personen zueinander. Dabei definieren wir die Verbindungen durch eine Variable, die wir im Code dann an der entsprechenden Stelle einpflegen. Die zugehörige erstellte Grafik ist in Abb. 7.7 zu sehen.

Abb. 7.7 Netzwerk mit
Beschriftung der
Verbindungslinien

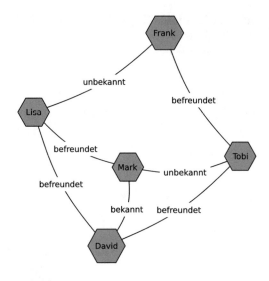

Graph mit Beschriftung der Verbindungslinien

```
using Plots
using Graphs
using GraphRecipes

begin
g=Graph(5)

Bekannte=(1,2)=>"befreundet",(1,3)=>"bekannt",
(1,4)=>"unbekannt",(1,5)=>"befreundet",
(2,3)=>"unbekannt",(2,5)=>"bekannt",
(3,4)=>"befreundet",(3,5)=>"befreundet"

add_edge!(g,4,3) #Frank Tobi
add_edge!(g,4,1) #Frank Lisa
add_edge!(g,1,5) #Lisa David
add_edge!(g,5,3) #David Tobi
add_edge!(g,5,2) #David Mark
add_edge!(g,2,3) #Mark Tobi
add_edge!(g,2,1) #Mark Lisa
graphplot(g,names=["Lisa","Mark","Tobi",
"Frank","David"],
edgelabel=Dict(Bekannte))
end
```

◄

Abb. 7.8 Graph mit
Kantenbeschriftung

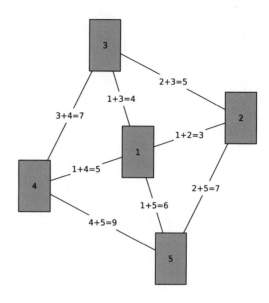

Übungsaufgaben

7.5 Graph mit Kantenbeschriftung Schreiben Sie einen Programmcode, der den Graphen
aus Abb. 7.8 reproduziert.

Interaktive Anwendungen und Animationen

8

8.1   Nummernfelder, Check-Boxen und Mehrfachauswahl

Statische Grafiken können durch eine Vielzahl von interaktiven Elementen erweitert werden wie z. B. Nummernfelder für Eingaben konkreter Werte, Check-Boxen, um z. B. gewisse Grafikelemente Ein- oder Auszublenden, oder eine Mehrfachauswahl, um variabel zwischen verschiedenen Optionen hin und her zu wechseln.

Innerhalb von Julia können alle diese Varianten mithilfe des Package *PlutoUI.jl* implementiert werden. Wie üblich muss dieses Package zunächst installiert werden (vgl. Abschn. 1.3), um es dann in der Pluto-Benutzeroberfläche verwenden zu können.

Nummernfelder: Beginnen wir mit dem Erstellen eines einfachen Nummernfeldes. Bei einem Nummernfeld handelt es sich im Prinzip um eine interaktive Variable, weshalb wir dem Feld auch einen Variablennamen zuweisen müssen. Der Befehl zur Erzeugung lautet

```
@bind Variablenname NumberField(Zahlenbereich, default=x)
```

Eine kleine Erläuterung zum Befehl: *@bind* heftet das Nummernfeld innerhalb der Pluto-Oberfläche an. Mit dem Befehl *NumberFlied* wird das Nummernfeld erzeugt, dabei kann man einen vordefinierten Zahlenbereich, z. B. 0 bis 100, sowie einen anfänglichen Startwert *x* mittels *default=x* angeben.

Betrachten wir nachfolgendes Beispiel: Wir wollen eine Normalparabel im Bereich $[-1; 1]$ plotten. Ein zusätzliches Nummernfeld soll für den gegebenen Bereich dann einen einzelnen Punkt auf der Parabel anzeigen.

Ergänzende Information   Die elektronische Version dieses Kapitels enthält Zusatzmaterial, auf das über folgenden Link zugegriffen werden kann
https://doi.org/10.1007/978-3-662-68155-8_8.

Beispiel Nummernfeld

```
using Plots
using PlutoUI

@bind Zahl NumberField(-1:1,default=-1)

begin
f(x)=x^2
plot(-1:0.01:1,f)
scatter!((Zahl,f(Zahl)))
end
```

◀

Die zugehörige erzeugte Oberfläche ist beispielhaft in Abb. 8.1 dargestellt.

Wie in der Abbildung zu sehen, wird oberhalb des @bind-Befehls ein Nummernfeld erzeugt, in das variabel die Werte -1, 0 und 1 eingestellt werden können. Der orange einge-

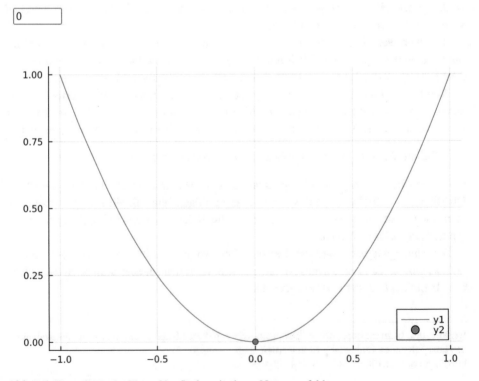

Abb. 8.1 Darstellung der Pluto-Oberfläche mit einem Nummernfeld

färbte Punkt in der Abbildung wandert dann interaktiv in Abhängigkeit von der eingestellten Zahl auf der Parabel mit.

Check-Boxen: Check-Boxen sind sinnvoll, wenn man einzelne Elemente gezielt An- oder Ausschalten möchte. Der Befehl für eine Check-Box lautet hierbei

```
@bind Variablenname CheckBox("Name")
```

Wie bei einem Nummernfeld muss man der Check-Box einen Variablennamen zuordnen. Der *Name* innerhalb der Umgebung *Check-Box* dient dann nur der Darstellung in der Pluto-Oberfläche und kann prinzipiell auch einfach weggelassen werden.

Neben einer einzelnen Check-Box können mit dem Alternativbefehl

```
@bind Variablenname MultiCheckBox(["Name1", "Name2", ...])
```

gleich mehrere unterschiedliche Check-Boxen simultan erzeugt werden.

Möchte man nicht auf einen Namen, sondern z. B. auf eine konkrete Funktion oder Variable zurückgreifen, so wird das Attribut *MultiCheckBox(["Name1", "Name2", ...])* lediglich durch *MultiCheckBox([Funktion1, Funktion2, ...])* ersetzt.

Betrachten wir hierzu nun das folgende Beispiel: Wir möchten zwei Check-Boxen erzeugen, die je nach Auswahl entweder eine Sinus- oder eine Kosinusfunktion graphisch darstellen.

Beispiel Check-Box

```
    using Plots
    using PlutoUI

    @bind Trig MultiCheckBox([sin,cos])

    begin
    plot(0:0.01pi:2pi,Trig,label=false)
    end
```
◀

Der Programmcode erzeugt die in Abb. 8.2 dargestellte Pluto-Oberfläche. Dabei ist die Check-Box für den Kosinus deaktiviert, weshalb lediglich die Sinusfunktion dargestellt wird.

Mehrfachauswahl: Die letzte Option, die wir hier betrachten, ist die sogenannte Mehrfachauswahl. Sie funktioniert analog zu den Check-Boxen. Der einzige Unterschied besteht in der Darstellungsart. Werden bei den Check-Boxen noch viele einzelne Boxen erstellt, so wird bei einer Mehrfachauswahl eine Liste an wählbaren Elementen erzeugt. Der Befehl für eine einzelne Auswahl lautet

```
@bind Variablenname Select(Werte oder Funktionen)
```

☑ sin ☐ cos

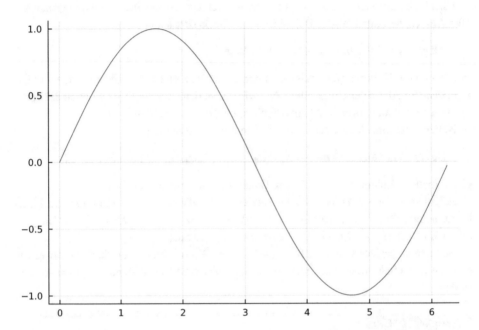

Abb. 8.2 Plot einer Sinus- und einer Kosinusfunktion mithilfe einer Mulit-Check-Box

und analog für mehr als eine Auswahlmöglichkeit

```
@bind Variablenname MultiSelect(Werte oder Funktionen)
```

Als Beispiel betrachten wir nochmals die Darstellung der Sinus- oder Kosinusfunktion, wie wir sie schon bei den Check-Boxen ausgeführt haben. Wollen wir dieses System nun mithilfe einer Mehrfachauswahl erzeugen, lautet der zugehörige Befehl

Mehrfachauswahl von Funktionen

```
using Plots
using PlutoUI

@bind Trig MultiSelect([sin,cos])

begin
plot(0:0.01pi:2pi,Trig,label=false)
end
```

◄

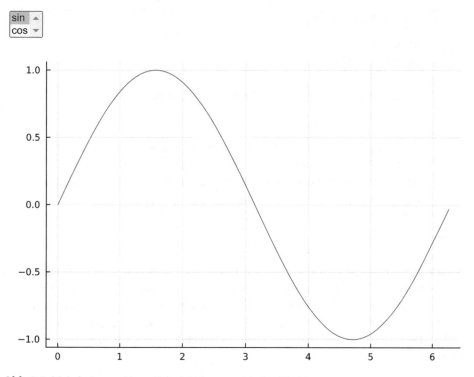

Abb. 8.3 Mehrfachauswahl am Beispiel trigonometrischer Funktionen

Die erzeugte interaktive Oberfläche ist in Abb. 8.3 gezeigt. In der linken oberen Ecke befindet sich nun die Mehrfachauswahl mit Funktionen, die einzeln angeklickt werden können.

8.2   Schieberegler und Uhren

Schieberegler: Um eine kontinuierliche Veränderung von Grafiken zu erzeugen, kann man in Pluto einen variablen Schieberegler (engl. *slider*) einbinden. Der zugehörige Befehl hierzu lautet

```
@bind Variablenname Slider(Bereich,default=x,show_value=true)
```

Wieder wird mit *@bind* der Schieberegler auf der Oberfläche angeheftet. Analog zu den Nummernfeldern kann man mit *default=x* einen Startwert festlegen. Das Attribut $show\_value = true$ bewirkt, dass neben dem Schieberegeler auch der zugehörige eingestellte Zahlenwert angezeigt wird. Dies erlaubt eine präzisere Werteeinstellung.

Betrachten wir als Beispiel erneut unser einfaches Erde-Sonne-System, das wir bereits als Beispiel bei der Verwendung von Markern eingeführt haben. Wir wollen mit dem Schieberegler die Erdposition um die Sonne für jeden Tag des Jahres variabel einstellen.

Schieberegler Erde-Sonne-System

```
using Plots
using PlutoUI

@bind Tage Slider(0:1:365,default=0,show_value=true)

begin
scatter([0],[0],markercolor=:yellow,markersize=20,legend=false,
xlims=(-3.3,3.3),ylims=(-3.3,3.3),ratio=1) #Sonne
scatter!((3cos(Tage *2pi/365),3sin(Tage *2pi/365)),markersize=8,
markercolor=:blue) #Erde variabel
end
```
◀

Innerhalb des Scatter-Befehls mussten wir hierbei die Grenzen des Darstellungsbereichs einstellen, da sich die Grafik sonst automatisch auf den relevanten Bereich bestehend aus Erde und Sonne reduziert hätte und somit die Kreisbewegung nicht so schön ersichtlich wäre. Der Programmcode erzeugt letztlich eine interaktive Oberfläche wie in Abb. 8.4 dargestellt.

Der Befehl für den Schieberegler kann zusätzlich um eine Namensgebung erweitert werden:

```
md""" Relgername $(@bind Variablenname Slider()) """
```

Wie anhand des Befehls ersichtlich, wird der ganze *@bind*-Befehl zusätzlich noch in die Umgebung *md"""Reglername $()"""* eingebettet, um den Reglernamen mit dem tatsächlichen Schieberegler zu verknüpfen. Am Beispiel unseres Erde-Sonne-Systems könnten wir also obigen Programmcode um den Reglernamen so erweitern, dass dieser auch in der Pluto-Oberfläche mit angezeigt wird.

Schieberegler mit Reglername

```
using Plots
using PlutoUI

md""" Erdentage $(@bind Tage Slider(0:1:365,default=0,
show_value=true))"""

begin
scatter([0],[0],markercolor=:yellow,markersize=20,legend=false,
xlims=(-3.3,3.3),ylims=(-3.3,3.3),ratio=1) #Sonne
scatter!((3cos(Tage *2pi/365),3sin(Tage *2pi/365)),markersize=8,
```

 57

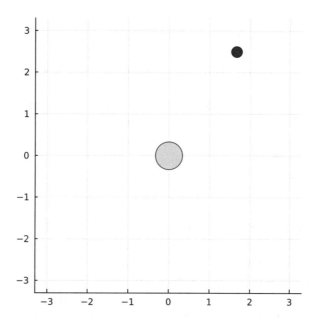

Abb. 8.4 Erde-Sonne-System mit variabler Erdposition um die Sonne, die durch einen Schieberegler eingestellt werden kann

```
    markercolor=:blue) #Erde variabel
    end
```

◀

Schieberegler können auch in Verbindung mit Schleifen eingesetzt werden. Betrachten wir dazu als Beispiel ein Doppelsternsystem, wobei beide Planeten auf unterschiedlichen Radien ein Zentralgestirn umkreisen. Der äußere Stern soll sich dabei doppelt so schnell drehen wie der innere Stern. Der nachfolgende Programmcode stellt die beiden Sternpositionen durch einen Schieberegler dar. Weiter wird für feste Zeitintervalle stets die direkte Verbindungslinie zwischen den beiden Sternen überlagert mittels einer for-Schleife dargestellt.

Schieberegler – Doppelsternsystem

```
using Plots
using PlutoUI

@bind Umlaufszeit Slider(0:0.005pi:2pi,default=0,
```

```
    show_value=true)

    begin
    p=plot()
        for i in 0:0.025pi:Umlaufszeit
        plot!([cos(i),3cos(4i)],[sin(i),3sin(4i)],xlims=(-3.5,3.5),
        ylims=(-3.5,3.5),legend=false,color=:gray,ratio=1)
    end
    scatter!([cos(Umlaufszeit),3cos(4Umlaufszeit)],
    [sin(Umlaufszeit),3sin(4Umlaufszeit)],
    color=:blue,markersize=4)
    plot(p)
    end
```
◄

Führen Sie diese Programm selbst aus, um das interaktive Ergebnis nachzuvollziehen.

Uhr: Mittels Schiebereglern kann man variabel feste „Zeitpunkte" innerhalb einer Grafik anwählen. Alternativ kann es jedoch auch vorkommen, dass man eine Grafik kontinuierlich zeitlich verändern und praktisch eine kleine fortlaufende Animation abspielen möchte. *PlutoUI.jl* bietet hierfür den Befehl der Uhr (engl. *clock*), die pro Sekunde eine feste Anzahl von „Schritten" innerhalb der interaktiven Grafik ausführt. Der zugehörige Befehl lautet

```
    @bind Variablenname Clock(Zeitspanne)
```

Die Zeitspanne gibt dabei die Sekunden an, die von einer Momentaufnahme zur nächsten vergehen.

Betrachten wir als Beispiel wieder unser Doppelsternsystem. Dieses Mal wollen wir allerdings nur die periodische Bewegung der beiden Sterne auf den jeweiligen Kreisbahnen sowie deren direkte Verbindungslinie simulieren. Damit die „Animation" nicht zu schnell abläuft, verlangsamen wir die Rotationsgeschwindigkeit künstlich, indem wir in den Argumenten jeweils durch 100 teilen.

Uhr – Doppelsternsystem

```
    using Plots
    using PlutoUI

    @bind Uhr Clock(0.1)

    begin
    p=plot([cos(Uhr/100),3cos(4Uhr/100)],[sin(Uhr/100),
    3sin(4Uhr/100)],xlims=(-3.5,3.5),ylims=(-3.5,3.5),
    legend=false,color=:gray,ratio=1)
```

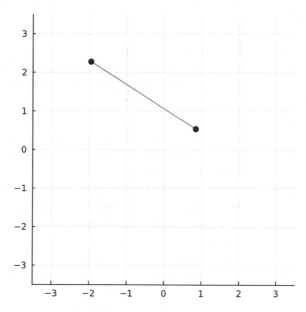

Abb. 8.5 Fortlaufende animierte Grafik mithilfe des Uhr-Befehls

```
        scatter!([cos(Uhr/100),3cos(4Uhr/100)],
        [sin(Uhr/100),3sin(4Uhr/100)],
        color=:blue,markersize=4)
    plot(p)
end
```
◄

Die Uhr kann interaktiv mithilfe des Start/Stopp-Knopfs gestartet bzw. angehalten werden. Die Abb. 8.5 stellt beispielhaft die erzeugte Oberfläche für einen festen Betrachtungszeitpunkt dar.

Übungsaufgaben

8.1 Spiralkurve   Ein Teilchen soll sich auf einer Spiralbahn der Form

$$\mathbf{r}(t) = \begin{pmatrix} \cos(t) \\ \sin(t) \\ 0{,}5 \cdot t \end{pmatrix}$$

mit $t \in [0; 4\pi]$ bewegen. Schreiben Sie ein Programm, das mithilfe eines Schiebereglers die Bahn des Teilchens bis zu einer bestimmten Zeit $T \in [0; 4\pi]$ aufzeigt. Benennen Sie den Schieberegler zusätzlich mit *Zeit in Sek* und passen Sie den Darstellungsbereich der Grafik geeignet an.

8.2 Funktion mit Parametern Eine Funktion $f(x) = a \cdot x^2 + b$ soll in Abhängigkeit der beiden Parameter $a \in [-1; 1]$ und $b \in [0; 2]$ dargestellt werden. Schreiben Sie ein Programm mit zwei Schiebereglern, die Ihnen eine dynamische Veränderung der Parameter erlauben.

8.3 Dynamisches Säulendiagramm Eine Größe A nimmt in Abhängigkeit der Zeit $t \in [0; 10]$ gemäß der Funktion $f(t) = 10 \cdot 0{,}9^t$ ab. Eine zweite Größe B nimmt im gleichen Zeitraum jedoch gemäß der Funktion $g(t) = 10 \cdot (1 - 0{,}9^t)$ zu. Schreiben Sie ein Programm, das die beiden Größen A und B in einem Säulendiagramm darstellt. Die Zeitvariable t soll dabei durch einen Schieberegler dynamisch angepasst werden können.

Ermitteln Sie durch Veränderung des Schiebereglers in etwa die Zeit, zu der beide Größen denselben Wert annehmen.

8.4 Dynamische Welle Eine dynamische Welle wird im einfachsten Fall durch die Funktion

$$f(x, t) = \sin(x - t)$$

beschrieben, wobei x die Position im Raum und t die Zeit (in Sekunden) beschreibt. Schreiben Sie ein Programm, das diese Welle mithilfe einer Uhr fortlaufend im Bereich $[0; 4\pi]$ darstellt.

8.3   Erstellen von Animationen mit Plots.jl

Julia erlaubt es, interaktive Grafiken in einer Animation zu exportieren. Dabei wird innerhalb eines Zeitschritts eine feste Anzahl aufeinanderfolgender Bilder gespeichert und diese werden dann zu einer kleinen Animation aneinandergereiht. Wir konzentrieren uns im Folgenden darauf, Animationen mit dem Package *Plots.jl* zu erzeugen. Die gängigsten Formate, in die exportiert werden kann, sind:

1. *gif:* GIF ist das gängigste und am weitesten verbreitete Format für kleinere Animationen. Ein großer Vorteil besteht hierbei darin, dass eigentlich alle gängigen Plattformen mit dem Format kompatibel sind und dieses abspielen können. Ein Nachteil besteht leider in der niedrigen Videoqualität, da zum einen nur 256 verschiedene Farben dargestellt werden können und zum anderen nur eine niedrige Anzahl von *frames per second* (FPS)

erreicht werden kann, verglichen mit anderen Export-Formaten. Für kleine Animationen stellt das GIF-Format jedoch eine brauchbare Lösung dar.

2. *mp4:* MP4 ist ebenfalls ein gängiges Format für Videos und Animationen. Das Format besticht dabei durch eine gute Videoqualität bei relativ geringem Speicherbedarf und kann auf eigentlich auf allen Plattformen und Web-Anwendungen verwendet werden.

3. *mov:* Das MOV-Format, manchmal auch als QuickTime File Format (QTFF) bezeichnet, ist das Format mit der besten Videoqualität. Ein offensichtlicher Nachteil besteht hierbei allerdings in den großen Dateigrößen. Auch wenn das MOV-Format durch seine brillante Qualität besticht, ist es nicht allzu weit verbreitet, und es kann sein, dass es auf manchen Plattformen nicht unterstützt wird.

Abhängig vom verwendeten Betriebssystem oder den installierten Videoprogrammen kann es sein, dass die final exportierten MP4- oder MOV-Formate nicht korrekt abgespielt werden können. Der Export in das GIF-Format funktioniert meistens zuverlässig, weshalb wir uns im Folgenden darauf konzentrieren werden.

Die Erstellung einer Animation mithilfe von *Plots.jl* erfolgt immer nach derselben Struktur:

1. Zuerst müssen wir eine *Funktion* erstellen, deren Variable unterschiedliche Grafiken, also die Frames unserer Animation, erzeugt.

2. Mithilfe des Makros *@animate* erzeugen wir dann mit unserer Funktion eine feste Anzahl aufeinanderfolgender Bilder.

3. Durch den Befehl *gif()* fügen wir die Einzelbilder dann zu einer Animation zusammen und speichern diese im gewünschten Dateiformat *.gif*, *.mp4* oder *.mov* ab.

Zur Illustration betrachten wir wieder unser Sonne-Erde-System. Zuerst müssen wir eine Funktion definieren, die bei Änderung der Variable (hier der Zeit) die unterschiedlichen Frames der Animation erzeugt. Hierbei passen wir das Argument in den trigonometrischen Funktionen gleich so an, dass ein 365-Tage-Rhythmus erzielt wird.

Sonne-Erde-System Frame-Funktion

```
using Plots

function Position(t)
scatter([0],[0],markercolor=:yellow,markersize=20, legend=false,
xlims=(-3.3,3.3),ylims=(-3.3,3.3), ratio=1) #Sonne
scatter!((3cos(t *2pi/365),3sin(t *2pi/365)), markersize=8,
markercolor=:blue) #Erde variabel mit t
end
```

◄

Nachdem wir die Frame-Funktion definiert haben, müssen wir nun die ganzen Einzelbilder, d.h. die Momentaufnahmen der Erdposition, generieren. Dies geschieht über das Makro @*animate*, wobei wir dieses Makro gleich mit einem Namens definieren, um im letzten Schritt vereinfacht darauf zugreifen zu können. Der komplette Befehl lautet also bei einem Frame pro vergangenem Tag

```
Animation=@animate for i in Framebereich
Frame-Funktion(i)
end
```

In unserem Fall ergibt sich also bei 365 Einzeltagen

Erzeugung der Einzelbilder

```
Animation=@animate for i in 0:1:365
Position(i)
end
```

◀

Die erzeugten Einzelbilder werden in einem entsprechenden Systemordner abgespeichert. Der zugehörige Dateipfad wird direkt nach Ausführen des Befehls angezeigt. Je nach Anzahl der erzeugten Einzelbilder kann dieser Prozess einige Zeit in Anspruch nehmen.

Im letzten Schritt müssen die Einzelbilder noch zu einer Animation im gewünschten Format zusammengefügt werden. Dies geschieht über den Befehl

```
gif(Animationsname, "Dateiname.gif",fps=x,loop=n)
```

Der *Animationsname* entspricht hierbei dem Namen, für den wir das Makro @*animate* definiert haben. Neben den Dateiendungen *.gif* können, wie bereits zuvor erwähnt, auch *.mp4* oder *.mov* verwendet werden. Das Attribut *fps=x* gibt die Anzahl der *frames per second*, also die Anzahl x der Einzelbilder an, die zu einer Sekunde in der finalen Animation zusammengefügt werden. Für ein flüßiges Animationserlebnis ist eine *fps* von mindestens 15 zu empfehlen. Das Attribut *loop=n* gibt an, wie oft die Animation im finalen Video wiederholt werden soll. n ist dabei eine natürliche Zahl größer oder gleich 1. Beide Attribute, also sowohl *fps=x* als auch *loop=n*, können im Zweifelsfall auch einfach weggelassen werden.

In unserem Fall lautet der letzte Programmcode, der die finale Animation – hier im gif-Format – mit 20 *frames per second* und einer doppelten Wiederholung erstellt, also:

Finale Animation

```
gif(Animation, "Planetenbewegung.gif",fps=20,loop=2)
```

◀

Im Gegensatz zu den Einzelbildern wird die finale Animation in demselben Ordner wie die erstellte Julia-Datei abgespeichert. Innerhalb der Pluto-Nutzeroberfläche wird die erstellte Animation angezeigt und kann zusätzlich abgespielt werden. Dies erlaubt es, sofort Änderungen im Programmcode vorzunehmen, sollte man mit dem erzielten Ergebnis nicht zufrieden sein.

Als kleiner zusätzlicher Hinweis soll erwähnt sein, dass die Einzelbilder immer in der voreingestellten Größe und Standardauflösung erzeugt werden. Möchte man also eine Animation mit bessere Auflösung bzw. größerem Bildformat erzeugen, so müssen diese Einstellungen (vgl. Abschn. 3.5) implementiert werden.

Übungsaufgaben

8.5 Sonne-Erde-Mond   Schreiben Sie ein Programm, das das Sonne-Erde-Mond-System innerhalb eines Jahreszyklus animiert. Die Sonne befinde sich dabei im Koordinatenursprung $(0|0)$. Für die Position der Erde und die idealisierte Position des Mondes soll gelten:

$$E(3\cos(2\pi \cdot t/365)\,|3\sin(2\pi \cdot t/365)$$

$$M(3\cos(2\pi \cdot t/365) + \cos(2\pi \cdot t/30)\,|3\cos(2\pi \cdot t/365) + \sin(2\pi \cdot t/30))$$

Die Animation soll mit 25 fps ablaufen und sich 3 Mal wiederholen. Achten Sie darauf, den Darstellungsbereich geeignet anzupassen.

8.6 Schwingende Membran   Wir betrachten eine Membran, die in einem Quadrat mit $x \in [0; 1]$ und $y \in [0; 1]$ eingespannt ist. Die Membran kann in Abhängigkeit von der Zeit t schwingen. Die Oberfläche wird dabei durch die Funktion

$$f(x, y, t) = \sin(2\pi x)\sin(4\pi y) \cdot \cos(2\pi t/30)$$

beschrieben.

Schreiben Sie ein Programm, das Ihnen die zeitliche Änderung der Membranoberfläche als Heatmap in Form einer Animation anzeigt. Wählen Sie für die Animation eine 10-fache Wiederholung.

Ziel ist es, dass sich die Farben der Heatmap ändern. Um dieses Verhalten zu erzeugen, können Sie z. B. zusätzlich zwei Heatmaps mit Höhe 1 bzw. -1 auf dem gesamten Bereich $x \times y$ mit einer Deckkraft von 0 einfügen.

8.7 Datensatz animiert   Die nachfolgende Tabelle führt die Verkaufszahlen eines Produkts in den letzten 10 Jahren auf.

Jahr	2014	2015	2016	2017	2018	2019	2020	2021	2022	2023
Verkäufe in Mio.	1,24	1,50	1,53	1,49	1,47	1,52	1,58	1,13	1,08	1,37

Die Zahlen sollen fortlaufend als Säulendiagramm in einer Animation dargestellt werden. Es kann hilfreich sein, für die Umsetzung eine Funktion mit einer for-Schleife zu definieren.

8.8 Teilchenbewegung   Betrachten Sie den nachfolgenden Programmcode. Erläutern Sie, welche Art von Bewegung hierbei animiert wird. Gehen Sie insbesondere auf die Linienbreite sowie die Transparenz ein. Beschreiben Sie, welche Besonderheit die beiden zuletzt genannten Größen in dieser Animation aufweisen.

```
using Plots

function Teilchen(t)
f(x)=sin(x)
plot(0:0.01:t,f,linewidth=0:0.01:t,alpha=0:0.01:t,
xlims=(0,6.3),ylims=(-1.1,1.1),legend=false)
end

Animation=@animate for i in 0:0.1pi:2pi
Teilchen(i)
end

gif(Animation,"Teilchenbewegung.gif",fps=7)
```

8.9 Hüpfender Ball   Ein einfacher Ball soll nach oben und wieder nach unten hüpfen. Für seine Höhe h in Abhängigkeit von der Zeit t gilt dabei

$$h(t) = -5t^2 + 10t.$$

Der Ball startet zur Zeit $t = 0$ in der Höhe $h = 0$ und kehrt für $t = 2$ zur Ausgangsposition zurück. Die maximal erreichbare Höhe beträgt 5.

Schreiben Sie ein Programm, das diese Bewegung des Balls 10 Mal nacheinander animiert.

8.10 Rotierende Oberfläche   In dieser Aufgaben sollen Sie mithilfe des Attributs *camera=(Längengrad,30)* (vgl. Abschn. 5.5) eine Animation erstellen, die die Ansicht auf eine Oberfläche ein Mal um 360° entlang des Längengrads dreht. Wir gehen hierbei von einer einfachen Oberfläche aus, die durch die Funktion

$$f(x, y) = x^2 \cdot \cos(y),$$

mit $x \in [-1; 1]$ und $y \in [0; 2\pi]$ beschrieben wird. Schreiben Sie ein Programm, das die gewünschte Animation erzeugt, wobei sich die Rotation 4 Mal wiederholen soll.

Kurzzusammenfassungen

9

9.1 Packages

- *using Pkg:* Verwenden und importieren von Packages
- *Pkg.add():* Installieren von Packages
- *using:* Laden von Packages
  - *Plots*
  - *Colors*
  - *ColorSchemes*
  - *Statplots*
  - *PlutoUI*
  - *Graphs*
  - *GraphRecipes*
  - *LinearAlgebra*
  - *LaTeXStrings*

9.2 Standardoperationen

- $+, -, *, /$: Plus, Minus, Mal, Geteilt
- $=$: Gleichheit
- $!=$: Ungleichheit
- $<$: Kleiner
- $>$: Größer
- $<=$: Kleiner-Gleich
- $>=$: Größer-Gleich
- *n% m:* Rest bei Division von *n* durch *m*
- *v=[a,b,c]:* Zeilenvektor

© Der/die Autor(en), exklusiv lizenziert an Springer-Verlag GmbH, DE,
ein Teil von Springer Nature 2024
D. Jaud, *Datenvisualisierungen mit Julia*,
https://doi.org/10.1007/978-3-662-68155-8_9

- *rand(n):* n Zufallszahlen zwischen 0 und 1
- *rand(x:d:y,n):* n Zufallszahlen zwischen x und y mit Schrittweite d
- *rand(n,m):* Zufalls $n \times m$-Matrix

9.3   Visualisierungsmöglichkeiten

- *plot():* Linienplot (in 2D oder 3D)
- *bar():* Säulenplot
- *scatter():* Punkteplot (in 2D oder 3D)
- *histogram():* Histogramme
- *histogram3d():* zweidimensionale Histogramme
- *groupedbar():* Säulendiagramme gruppiert
  - *bar_ position:* Anordnung der Säulen
  - *:group*
  - *:stack*
- *pie:* Kuchendiagramm
- *heatmap():* Hitzekarte
  - Wertematrix M
  - *yflip=true*
- *surface():* Oberfläche
- *wiefram():* Oberfläche, Netz
- *contour():* Höhenlinien
- *contourf():* Höhenlinien, ausgefüllt
  - *levels=n*
  - *colorbar=false*
  - *clabel*
- *boxplot():* Box-Plot
- *violinplot():* Violinen-Plot

9.4   Allgemeine Plot Attribute

Titel, Beschriftung und die Legende

- *title:* Plot-Titel
- *xlabel:* Beschriftung x-Achse
- *ylabel:* Beschriftung y-Achse
- *zlabel:* Beschriftung z-Achse (bei 3D-Darstellungen)
- *legend:* Position der Legende

- *:topleft*
- *:topright*
- *:bottomleft*
- *:bottomright*
- *:outertopleft*
- *:outertopright*
- *:outerbottomleft*
- *:outerbottomright*
- *:best*
- *false*
- *size(n,m):* Auflösung

Liniendarstellungen

- *linestyle:* Linienart
  - *:solid*
  - *:dash*
  - *:dot*
  - *:dashdot*
  - *:dashdotdot*
- *linewidth:* Linienbreite

Markerdarstellungen

- *markershape:* Markeraussehen
  - *:circle*
  - *:diamond*
  - *:cross*
  - *:xcross*
  - *:utriangle*
  - *:dtriangle*
  - *:rtriangle*
  - *:ltriangle*
  - *:pentagon*
  - *:hexagon*
  - *:heptagon*
  - *:octagon*
  - *:star4*
  - *:star5*
  - *:star6*

- *:star7*
- *:star8*
- *:vline*
- *:hline*
- *markersize:* Größe des Markers
- *markercolor:* Füllfarbe des Markers
- *markerstrokesize:* Breite der Markerumrandung
- *markerstrokestyle:* Darstellung der Markerumrandung
  - *:dash*
  - *:dot*
  - *:dashdot*

Farben

- *color:* Linien und Markerfarbe
- *fillcolor:* Füllfarbe für Säulendiagramme
- *fillalpha:* Transparenz der Füllfarbe
- *alpha:* Linien oder Markertransparenz

Darstellungsthemen

- *showtheme():* Voranzeige Darstellungsthema
- *theme():* Auswahl Darstellungsthema
  - *:dark*
  - *:ggplot2*
  - *:juno*
  - *:lime*
  - *:orange*
  - *:sand*
  - *:solarized*
  - *:dracula*
  - *:solarized_light*
  - *:wong*
  - *:wong2*
  - *:gruvbox_dark*
  - *:gruvbox_light*
  - *:bright*
  - *:vibrant*
  - *:mute*

Begrenzungen der Achsen und Skalierung der Achsen

- *xlims:* Grenzen der x-Achse
- *ylims:* Grenzen der y-Achse
- *zlims:* Grenzen der z-Achse (bei 3D-Darstellungen)
- *xscale:* Skalierung der x-Achse
    - *:linear*
    - *:log10*
    - *:log2*
    - *:log*
- *yscale:* Skalierung der y-Achse
- *zscale:* Skalierung der z-Achse (bei 3D-Darstellungen)
- *ratio:* Verhältnis y- zu x-Achse

Koordinatengitter, Ticks und der Hintergrund

- *grid:* Anzeigen des Koordinatengitters (*:on, :off*)
- *gridcolor:* Farbe des Koordinatengitters
- *gridalpha:* Transparenz des Koordinatengitters
- *gridstyle:* Darstellung des Koordinatengitters
    - *:solid*
    - *:dash*
    - *:dot*
    - *:dashdot*
    - *:dashdotdot*
- *xticks:* Positionen der Ticks entlang der x-Achse
- *yticks:* Positionen der Ticks entlang der y-Achse
- *zticks:* Positionen der Ticks entlang der z-Achse (bei 3D-Darstellungen)
- *tickfontsize:* Größe der Ticks
- *background_ color:* Farbe des Hintergrunds
- *theme( ):* Darstellungsthema festlegen

Layouts von Plots

- *layout:* Legt das Layout von mehreren Plots anhand einer Matrix der Form (n, m) fest.
- *title:* Titel der einzelnen Plots im Layout mithilfe eines Vektors
- *grid*
- *lense*
- *subplot*

9.5   Netzwerke

Voreingestellte Graphen

- *PathGraph(n)*
- *CubicalGraph( )*
- *StarGraph(n)*
- *CompleteGraph(n)*
- *WheelGraph(n)*

Konstruktion von Graphen

- *g=Graph(n):* Ausgangsgraph
- *add_ edge!(g,i,j):* Hinzufügen von Verbindungslinien
- *graphplot(g):* Visualisierung des Graphen
- *Dict((i,j)=>„Beschriftung"):* Wörterbuch für Beschriftung der Verbindungslinie

Darstellungsattribute von Graphen

- *names:* Bezeichnung der Vertices
- *markersize*
- *nodesize*
- *markershape*
  - *:circle*
  - *:ellipse*
  - *:rect*
- *markercolor*
- *node_ weights*
- *curvature*
- *linewidth*
- *dim=3*
- *edgelabel*

9.6   Interaktive Elemente

- *@bind:* Generierung der interaktiven Benutzeroberfläche
  - *NumberField:* Nummernfeld
  - *CheckBox*
  - *MultiCheckBox*

- *Select*
- *MultiSelect*
- *Slider*
- *default:* Startwert
- *show_ value:* Anzeigen der Werte (*true* oder *false*)
- *Clock*
- *md" " " $(@bind)" " "*

9.7 Animationen

- *function:* Festlegung einer Funktion für die einzelnen Frames
- *@animate for i in:* Erzeugung der Einzelbilder
- *gif:* Erzeugung der Animation
  - *.gif:* GIF-Format
  - *.mp4:* MP4-Format
  - *.mov:* MOV-Format
  - *fps: frames per second*
  - *loop:* Anzahl der Wiederholungen

Stichwortverzeichnis

© Der/die Herausgeber bzw. der/die Autor(en), exklusiv lizenziert an Springer-Verlag GmbH, DE, ein Teil von Springer Nature 2024
D. Jaud, *Datenvisualisierungen mit Julia*,
https://doi.org/10.1007/978-3-662-68155-8

Printed in the United States
by Baker & Taylor Publisher Services